CB133973

Look What You Made Me Do

O que significa ser um fã na era Taylor Swift

Kat McKenna

Tradução
Beatriz S. S. Cunha

mood

Copyright © Kat McKenna 2024
Publicado em acordo com Simon & Schuster UK Ltd.
1st Floor, 222 Gray's Inn Road, London, WC1X 8HB

Esta é uma publicação Mood, selo exclusivo da Ciranda Cultural
© 2024 Ciranda Cultural Editora e Distribuidora Ltda.
Traduzido do original em inglês
Look What You Made Me Do

Texto
Kat McKenna

Publisher
Samara A. Buchweitz

Editora
Michele de Souza Barbosa

Tradução
Beatriz S. S. Cunha

Projeto gráfico
Mandy Norman

Diagramação
Linea Editora

Preparação
Eliel Cunha

Revisão
Fernanda R. Braga Simon

Dados Internacionais de Catalogação na Publicação (CIP) de acordo com ISBD

M155l McKenna, Kat.

Look what you made me do: o que é ser um fã na era Taylor Swift / Kat McKenna ; traduzido por Beatriz Santana. - Jandira, SP : Mood, 2024.
352 p. ; 13,70cm x 19,10cm.

Título original: Look What You Made Me Do: The ultimate guide for Taylor Swift fans!
ISBN: 978-65-83060-23-5

1. Biografia. 2. Artistas. 3. Fãs. 4. Fandom. 5. Música. 6. Atualidade. I. Santana, Beatriz. II. Título.

2024-2092

CDD 920
CDU 929

Elaborado por Lucio Feitosa - CRB-8/8803

Índice para catálogo sistemático:
1. Biografia 920
2. Biografia 929

1ª edição em 2024
www.cirandacultural.com.br
Todos os direitos reservados.
Nenhuma parte desta publicação pode ser reproduzida, arquivada em sistema de busca ou transmitida por qualquer meio, seja ele eletrônico, fotocópia, gravação ou outros, sem prévia autorização do detentor dos direitos, e não pode circular encadernada ou encapada de maneira distinta daquela em que foi publicada, ou sem que as mesmas condições sejam impostas aos compradores subsequentes.

Sou sua maior fã e não vejo
a hora de conhecer a pessoa
que você vai se tornar.

SUMÁRIO

PREFÁCIO

Nas palavras de uma mulher que admiro muito: "Acho importante você saber que eu nunca vou mudar, mas também nunca vou continuar sendo a mesma".

Taylor Alison Swift é o tema central deste livro e a mulher mais inspiradora que conheço. É também a mulher mais dinâmica que já vi; ela se movimenta depressa. Por isso, apesar de conter uma representação atualizada de Taylor – tanto crítica quanto culturalmente –, este livro pode não abranger todas as dimensões de sua vida até o presente momento. Pode acontecer o lançamento de um álbum, a aparição de um jogador de futebol americano belíssimo, colaborações secretas ou... vai saber!

Isso é parte do que torna tão emocionante ser fã de Taylor Swift. Sempre podemos contar com a chegada de alguma surpresa.

Além disso, o cenário das redes sociais muda o tempo todo, incluindo as *trends*, o nome das plataformas, as tensões e as alianças políticas. Tentei garantir que todas as referências e plataformas citadas aqui fossem, no mínimo, historicamente precisas em relação à época em questão. Espero que você preencha as lacunas por mim se alguma coisa tiver mudado drasticamente quando este livro tiver chegado às suas mãos. Obrigada por decidir lê-lo.

PREFÁCIO À EDIÇÃO BRASILEIRA

Essa é a história sobre como um show transformou minha vida para sempre.

Foram poucos os dias da minha vida que geraram tanto planejamento, tanta expectativa e tantos devaneios ao longo de meses que pareciam se arrastar pelo calendário. Depois de enfrentar a batalha virtual, conseguir os ingressos, encontrar o look certo e fazer as pulseiras da amizade, The Eras Tour finalmente chegava a São Paulo, e eu sabia que, além de mim, milhares de fãs não conseguiam pensar ou falar sobre qualquer outra coisa.

A chuva fina que acompanhou as horas de espera na fila não foi um incômodo, tudo valia a pena pela experiência que estávamos prestes a viver. A contagem regressiva projetada no telão levava meus batimentos cardíacos a níveis nunca antes atingidos, mas foi só quando Taylor Swift surgiu no centro do palco e Miss Americana and the Heartbreak Prince preencheu o espaço que senti algo que mudaria minha vida para sempre. Olhei para as cadeiras ao meu lado e vi meus melhores amigos se divertindo comigo ao som de canções que acompanharam momentos memoráveis da nossa amizade. Nós choramos, cantamos e dançamos juntos, mas, quando observei o restante da arquibancada, de alguma forma consegui sentir a mesma proximidade e conexão com todas as outras cinquenta mil pessoas que, assim como nós, gritavam e se emocionavam com as canções.

Foi quando me dei conta de que ser um Swiftie não é apenas sobre ouvir os álbuns e suas regravações em um looping infinito, criar teorias mirabolantes sobre prováveis *Easter eggs* ou se identificar com letras que falam sobre desilusões amorosas e amadurecimento. No fim, ser Swiftie é sobre pertencimento, sobre se sentir acolhido e fazer parte de um grupo, uma comunidade movida por uma paixão em comum: músicas que conseguem traduzir e explicar sentimentos que podem parecer tão abstratos e a forma como essas melodias e letras fazem a história da vida de Taylor Swift se misturar com a nossa própria.

Foi essa sensação de pertencimento que me fez gritar, a plenos pulmões, por mais três horas, acompanhado de milhares de pessoas que eu não conhecia. Juntos, atravessamos dez eras diferentes (que agora já são onze rs), fizemos corações com as mãos, trocamos pulseiras da amizade, mas, principalmente, nos lembramos de como cada música marcou um momento diferente da nossa história. Foi ao lado de todas essas pessoas e na companhia da loirinha que eu vivi o melhor dia da minha vida, o mesmo dia em que descobri o poder transformador de ser um fã.

Look what you made me do é um livro que busca justamente entender como a música e a arte podem unir pessoas e construir comunidades poderosas e sobre como Taylor Swift, ao se tornar um fenômeno global, vem impactando e transformando não só a minha vida, mas também a de milhões de Swifties ao redor do mundo.

Tiago Valente
(@otiagovalente)

INTRODUÇÃO

TODAY WAS A FAIRYTALE[1]

[1] Música feita para a trilha sonora do filme *Valentine's Day* (*Idas e Vindas do Amor*), em 2010. A faixa foi incluída no álbum *Fearless (Taylor's Version)*, em 2021. Significa "hoje foi um conto de fadas".

"Apenas seja você mesmo.
Não existe ninguém melhor."

– TAYLOR SWIFT

"Eu só queria ouvir
Taylor Swift em paz."

– JESS DAY, *NEW GIRL*

Este livro não é sobre Taylor Swift. É sobre *você*. Sobre mim. Sobre todos nós.

Este livro é para os fãs.

Desde que me entendo por gente tenho tendência a ser fã das coisas, mas acho que nunca gostei tão profundamente de algo como gosto de Taylor Swift.

Eu me lembro exatamente de onde estava quando ouvi pela primeira vez uma música de Taylor. Era fevereiro de 2010, uma amiga próxima e eu tínhamos ido ao cinema comemorar o aniversário dela. Nós duas tínhamos uma tradição anual: ela escolhia a comédia romântica mais cafona que estivesse em cartaz, e nós assistíamos juntas. Àquela altura, havíamos sobrevivido a *Noivas em Guerra*, a *Vestida para Casar* e a *Ele Não Está Tão a Fim de Você* – que agora viraram clássicos *cult*, filmes reconfortantes que não são mais feitos nos mesmos moldes (meio problemáticos) de antigamente. Em 2010, a escolha da minha querida amiga foi *Idas e Vindas do amor*, um daqueles filmes cheios de histórias paralelas que eram muito populares na época, estrelado por muitas celebridades, como Bradley Cooper, Jennifer Garner... e Taylor Swift.

Eu adorei esse filme. À medida que as cenas finais se desenrolavam em desfechos muito satisfatórios, uma música que eu nunca tinha ouvido antes começou a tocar ao fundo. Os acordes introdutórios de violão e os primeiros versos, doces e um tanto perspicazes, encheram a sala de cinema. Cutuquei minha amiga e perguntei: "De quem é essa música? É da Taylor Swift?".

É claro que eu tinha ouvido falar da Taylor antes. Como fã incurável de música pop, já tinha sido ridicularizada em várias fases da vida por amar Girls Aloud, McFly e outros artistas que conseguem se comunicar com o público jovem, mas que raramente recebem credibilidade fora de seu fã-clube e do público adolescente. Taylor Swift era, na época, conhecida no mundo inteiro por causa dos homens com quem tinha namorado, não por sua música. E eu, sem sombra de dúvida, tinha a mesma opinião dos outros: julgava-a como mero material de fofoca.

Swift atuou em *Idas e Vindas do Amor*, em que a arte imitou a vida enquanto ela interpretava uma menina bonita do ensino médio que namorava Taylor Lautner (seu namorado de verdade na época). Fiquei surpresa ao me deparar com o magnetismo e a habilidade de atuação dela (ainda em desenvolvimento) no filme. Consegui adivinhar quem era a artista que cantava a música que enchia a sala de cinema naquele dia e fiquei completamente desarmada ao me dar conta de quanto tinha gostado.

Quando ouvi "Today Was a Fairytale", minha vida mudou. E não estou exagerando. Desde aquele dia, Taylor Swift tem me acompanhado na jornada da vida.

Taylor é mais que apenas música para mim; é uma confidente, uma inspiração e uma fuga da realidade,

embora suas letras geniais e seu incrível talento artístico tenham sido o que me chamou a atenção e estejam no centro da minha dedicação contínua. A assimetria do nosso relacionamento não importa – eu a conheço e sinto que, por meio de sua arte, ela me vê. Mais que isso, ela me ajudou a me sentir vista.

Depois do filme, examinei a discografia de Taylor até então, e em 2010 tínhamos *Speak Now*, *Fearless* e *Debut*. Eu não conseguia acreditar no que havia encontrado: um tesouro da música, o pop country perfeito, mas para além disso eu havia me deparado com uma artífice das palavras que parecia enxergar a minha alma, parecia capaz de articular a maneira como eu me sentia a respeito de experiências que antes eu achava serem únicas e particulares, situações da *minha* vida, sentimentos *meus*. Sempre julguei a música de acordo com um único critério: se o lirismo é forte, se a música consegue me emocionar com as palavras, pronto, estou dentro.

Mas foi ainda mais que isso. Essa era uma artista cuja música de excelente técnica (especialmente agora, olhando para trás e sabendo que ela tinha entre dezoito e vinte e um anos de idade na época em que compôs aqueles álbuns) abriu meus olhos, minha mente e meu coração.

Então me tornei uma defensora fiel e apaixonada de Taylor Swift, dizendo a quem se dispusesse a ouvir que ela era um verdadeiro gênio do lirismo extremamente incompreendido pela mídia. As pessoas precisavam saber que ela era uma musicista talentosa e inteligente que escrevia as próprias músicas e tocava as próprias melodias. A injustiça de ela ser reconhecida como pouco mais que uma "devoradora de homens" foi algo que passei a sentir como um ataque pessoal. A habilidade dela de retratar os sentimentos de mulheres jovens como eu – de uma maneira brutalmente honesta que cria identificação – era algo de que precisávamos no mundo, algo que eu não tinha conhecido até então.

Deve ser difícil ler isso e imaginar uma época em que Taylor Swift não era universalmente amada, respeitada e idolatrada. Mas há um dia do qual “I remember all too well”[2]. Durante uma conversa com meus colegas, comparei Taylor Swift a Adele, outra bênção em forma de mulher, um verdadeiro talento da indústria musical. Seu primeiro álbum, *19*, foi lançado em 2008, e Adele tomou conta das paradas do Reino Unido; foi aclamada como um talento bruto e impressionante, uma artista dotada de incomparável habilidade ao expressar o amor e a desilusão que todos nós sentimos em algum momento da vida. Ela fez um trabalho louvável: as letras eram excelentes, as baladas viraram hits, e Adele foi instantaneamente ovacionada pela crítica, aprovada pelos jornalistas musicais mais respeitados, pela mídia e pelos fãs.

“Aha”, pensei comigo mesma, “é exatamente isso que Taylor Swift faz!” Mas é certo que, naquela época, ela não recebia os mesmos elogios nem tinha tantos defensores no jornalismo musical. Compartilhei esse ponto de vista com meus colegas e fiquei envergonhada. Eu havia julgado mal. “Não seja ridícula”, todos disseram. “Adele é uma artista *de verdade*. Ela é compositora. É um gênio.”

[2] Verso da música “*All Too Well*”, do álbum *Red*, lançado em 2012 e regravado em 2021 como *Red (Taylor’s Version)*; significa “eu me lembro muito bem”.

"Ela transformou meus pensamentos e minhas emoções em palavras bonitas e coerentes.

Ela expressou meus próprios sentimentos de uma maneira que eu não conseguia."

"Taylor também!", insisti (reivindiquei, na verdade), empolgada para compartilhar com meus amigos uma nova artista de quem talvez passassem a gostar.

Mas eles me responderam com toda a convicção do mundo, pela primeira vez, e certamente não pela última, que eu estava errada: Taylor Swift NÃO era igual a Adele. Era uma garota jovem e ingênua que apenas namorava garotos e escrevia sobre eles para se vingar. Nem era tão talentosa assim e com certeza não estava no mesmo nível de Adele.

É claro que isso não é culpa de Adele nem dos meus colegas da época.

A percepção que se tem da indústria pop – em especial quando falamos de artistas jovens e mulheres – é de que a música apreciada por meninas não era (e ainda não é) considerada de interesse ou de relevância para a maior parte da sociedade. Os pensamentos e os sentimentos das mulheres não são importantes, e ninguém é obrigado a ter de ouvi-las documentar cada etapa de sua desilusão. Se essa jovem insiste em namorar publicamente todos esses caras famosos, tão fúteis quanto ela – mas raramente criticados –, então o problema é todo dela. Por que temos de saber os detalhes? Taylor Swift tem alguma coisa *realmente* importante a dizer?

Parecia irrelevante o fato de que, enquanto as músicas escritas por Taylor Swift eram inspiradas na vida dela, nas experiências que ela estava tendo, eu estava passando pela *mesma* coisa. Desvalorizar as experiências dela era desvalorizar indiretamente os sentimentos que eu tinha em relação às minhas.

Então mantive Taylor como um segredo e a guardei só para mim. Olhando em retrospecto agora, talvez seja por isso que me apeguei tanto a ela. Minha admiração se tornou mais profunda do que apenas gostar de suas músicas, achá-la bonita ou ficar impressionada diante do quanto ela era transparente ao namorar celebridades como Harry Styles, John Mayer e Jake Gyllenhaal. Taylor Swift dizia coisas em suas músicas que eu, uma jovem adulta, nunca tinha ouvido antes. Ela transformou meus pensamentos e minhas emoções em palavras bonitas e coerentes. Ela expressou meus próprios sentimentos de uma maneira que eu não conseguia. Agora, na casa dos trinta, posso dizer honestamente que a música de Taylor me ajudou a processar respostas emocionais para tudo, desde o sofrimento por causa do divórcio dos meus pais e a dor que sentia por me esforçar demais até as mazelas do amor não correspondido.

Taylor e eu fomos crescendo juntas, e ela começou a desafiar e a rejeitar publicamente o conceito de ser "apenas" uma mulher. Observá-la ganhar confiança e dar respostas atravessadas para perguntas invasivas de repórteres sobre sua vida amorosa me ajudou a construir meu próprio feminismo, me ajudou a lidar com as minhas próprias frustrações – que aumentavam conforme eu ia percebendo que vivia em um mundo feito para os homens. Uma cena em seu documentário da Netflix *Miss Americana* mostra Taylor se desculpando por falar sobre sua jornada pessoal com a reconstrução do feminismo. Ela controla o tom de voz, mas logo em seguida comenta

Acho que eu não entendia na época o profundo senso de pertencimento que ser um fã é capaz de trazer. A comunidade que se reúne por meio de experiências e paixões compartilhadas é um verdadeiro presente.

ironicamente: "Desculpe, falei alto demais? Na minha própria casa? Que eu mesma comprei? Com as músicas que escrevi sobre a minha própria vida?". Sempre que preciso de um lembrete pessoal de que sou suficiente, ou de que não sou "demais", assisto a esse vídeo outra vez.

Sempre tive uma forte tendência a me tornar fã, em geral. Quase não tinha amigos quando criança, era extremamente tímida e sofri bastante durante os primeiros estágios da adolescência. Encontrei aquele senso de pertencimento pela primeira vez em salas de bate-papo on-line quando era adolescente, falando sobre *Buffy, a Caça-Vampiros* com estranhos que acabaram se tornando amigos, avatares bonitinhos que acabaram se tornando parceiros de escrita e até mesmo alguém que acabou se tornando meu primeiro amor. Acho que eu não entendia na época o profundo senso de pertencimento que ser um fã é capaz de trazer. A comunidade que se reúne por meio de experiências e paixões compartilhadas é um verdadeiro presente. Quando encontro uma coisa ou uma pessoa que mexe comigo, eu me apego. É assim que eu sou.

Das salas de bate-papo sobre *Buffy*, fui para as de *Harry Potter*. Em tempos mais simples, quando a criadora de Potter era uma voz acolhedora em nossa mente, e não uma emissária de mensagens problemáticas on-line, eu era OBCECADA. Li *Harry Potter e a Pedra Filosofal* quando era adolescente, e dali em diante foram anos de um amor dedicado e intenso por tudo o que se relacionava àqueles livros. Foi também o que me conduziu ao mundo das fanfics. Eu era aspirante a escritora desde que passei a me entender por gente; minha mãe é uma escritora profundamente criativa que, não raro, é pega vivendo nas histórias dentro da própria cabeça. Segui o exemplo dela, fugindo para versões alternativas de mundos que eu conhecia como a palma da minha mão.

Os livros foram meu conforto e minha fuga quando eu era uma criança tímida e vivia em um lar infeliz. As fanfics se tornaram outro lugar onde eu podia desaparecer e recriar milhares de vezes um mundo familiar na minha cabeça. Quando fui chegando à adolescência, comecei a experimentar as minhas próprias versões de amor e luxúria juvenil, pude criar romances entre os personagens que tanto *shippei*. *Shippar*, ou seja, torcer para que dois personagens ou duas pessoas vivam um romance juntas, é uma característica muito comum na cultura de fã – uma fantasia com o escapismo.

Quando a idade adulta emergiu, o escapismo ficou em segundo plano. Fiz as coisas que todo mundo faz quando cresce: saí da casa da família e fui para a universidade, consegui meu primeiro emprego em Londres, namorei, me apaixonei, saí com amigos, construí minha carreira. Eu me distanciei do universo de fã.

É um trabalho integral ser um bom fã, consome muito do nosso tempo. É necessário estar com a mente voltada só para isso, e naquela época também significava gastar longas horas na frente do computador bloqueando a linha telefônica com a internet discada. Hoje, com os nossos smartphones, podemos consumir todo o conteúdo do mundo instantaneamente, sem limite de dados para atrapalhar.

A vida foi acontecendo e tomou conta de tudo, mas sempre tive muito carinho por essa parte de mim. Ser fã ajudou a me tornar quem eu sou, e terei para sempre uma enorme gratidão pelas pessoas que conheci naquela época, pelas tantas histórias, personagens e mundos que amei profundamente e que me deram força para superar momentos difíceis; ser fã me transformou na pessoa que tem confiança suficiente para ser quem é.

Então, como Taylor Swift se encaixa na minha vida agora? Sou uma Swiftie, uma superfã, uma grande admiradora? A resposta é sim... e não. Conforme fui progredindo em uma carreira em que as redes sociais, as plataformas digitais e o marketing desempenham um papel fundamental, meu cérebro analítico passou a enxergar os dois lados da moeda. Tive a sorte de trabalhar com várias celebridades e até de conhecer um pouco melhor algumas delas. Aprendi que nem tudo é o que parece e que por trás de cada nome famoso existe uma pessoa – e um exército de funcionários que estão lá para tapar os buracos, desfazer as rugas e esconder os desastres.

Sou fã, mas também sou crítica. Passei anos fascinada pelo mundo das celebridades, percorrendo as profundezas e complexidades de ser fã. E o que os fãs ganham dessa afinidade com famosos? Quando a lealdade se transforma em ressentimento?

Vamos viajar juntos pelo mundo dos fãs: os motivos pelos quais nos tornamos fãs, os primeiros fãs, a mente dos fãs. Vamos explorar relações parassociais, hierarquias e a ampla gama de fã-clubes que existem – até mesmo olhando para algumas das comunidades mais nichadas que estão crescendo à medida que os algoritmos facilitam o processo de descoberta das nossas tribos. Vamos analisar de que maneira artistas como Taylor empoderam seus fãs e seguidores, de que maneira celebridades que compartilham suas experiências, ideologias e vida pessoal podem tanto inspirar como também isolar.

Também é importante compreender o mundo das celebridades de forma mais ampla. Existem plataformas que impulsionam, constroem ou destroem a carreira de algumas das maiores estrelas do mundo – podcasts de fofocas e *blind items*[3], superfãs no TikTok e sites de troll. E quanto à cultura do cancelamento? É correto exigir responsabilidade dos nossos ídolos? Enquanto estamos na era da geração Z e da geração Alfa, nova e mais jovem, será que a escolha dos famosos que celebramos e a responsabilidade que exigimos deles nos aproximam do fim das celebridades tóxicas?

Com a cultura do cancelamento, vemos um comportamento anticelebridade se estabelecer entre alguns famosos – vocalistas como Matty Healy, do The 1975, e Yungblud demonstram uma irritação quase humorística com a noção de fama, preferindo se dedicar apenas à sua arte e aos seus fãs. Será que as nossas

[3] Texto, normalmente publicado em uma coluna de fofocas, em que se conta uma história sem revelar a identidade das pessoas envolvidas.

estrelas do século XXI conseguirão sustentar sua base de fãs, e até suas carreiras, se não cederem ao complexo universo em que estes fãs estão inseridos? Em contrapartida, o que dizer de famosos cujo comportamento é tão saudável, como Harry Styles – aqueles que parecem superar os testes e desafios da cultura de fã na internet? Como eles conseguem?

E por que Taylor Swift em particular nos impactou mais que outros artistas? Ela é mais famosa hoje do que jamais foi, e, sendo alguém que a viu ascender de uma adolescente esperançosa da música country a um ídolo coberto de lantejoulas lotando estádios no mundo inteiro, nunca houve melhor momento para perguntar como ela chegou lá – e como seus fãs a ajudaram. Seus fãs, sua fama e o mundo que Swift construiu para si e para nós são o que há de mais fascinante hoje.

CAPÍTULO 1

LOVE STORY[4]

Os primeiros fãs

[4] Referência à música "Love Story", do álbum *Fearless*, lançado em 2008 e regravado como *Fearless (Taylor's Version)* em 2021; significa "história de amor".

Vamos voltar no tempo. Nós, Swifties, não somos os primeiros fãs. Isso mesmo. Antes de você e eu maratonarmos um milhão de teorias sobre *Easter eggs* e confeccionarmos pulseiras da amizade à mão, já havia um mundo inteiro de fãs compondo o cenário para nós.

É da natureza humana amar, e é da natureza humana viver em comunidade.

Todo mundo ama amar alguma coisa, seja música, seja comida, histórias em quadrinhos ou personagens de livros. Nós amamos até o próprio amor. Existem fã-clubes inteiros que consistem em torcer por casais imaginários (às vezes compostos de famosos que foram fotografados uma única vez juntos e só com isso já despertaram nossa imaginação). Mais ainda, *amamos* que as pessoas *saibam* que amamos isso.

Tem sido assim há milhares de anos. A diferença é que agora podemos conversar a respeito do que amamos estando em qualquer lugar do mundo, a qualquer hora do dia ou da noite, sem sair do sofá (de um introvertido para outro: uhu!).

Os fãs estão por aí desde quando objetos dignos de admiração, desejo ou ambição começaram a existir – e tudo isso muito antes de termos nossos iPhones em mãos. Veja só as ruínas do Coliseu, em Roma, ainda de pé e nos inspirando a lembrar dos reverenciados gladiadores de 80 d.C., suas lutas infames e suas performances. Os romanos visitavam o local incrivelmente imponente e deslumbrante em multidões, reunindo torcidas ao redor das lutas sanguinárias cujos participantes os espectadores passaram a adorar. Não importava se a luta era contra um animal ou contra outro homem, o povo queria se divertir. E entretenimento era o que recebiam.

Havia até assentos escalonados no Coliseu, refletindo a experiência dos fãs de hoje que fazem de tudo para ver os protagonistas do show em arenas e estádios, não importa quão distante ou pequena sua estrela possa parecer. O termo *nosebleed seats*[5] existe desde a década de 1950 para mensurar a altitude dos visitantes nos estádios de futebol, mas é possível imaginar que os antigos romanos também reclamavam da terrível visão ao se sentarem em lugares limitados, embora as queixas chegassem apenas aos amigos mais próximos (o que eles faziam sem o Reddit?!). Hoje a batalha não é contra nossos semelhantes no chão de terra diante das massas; ela acontece em sites como Ticketmaster ou fóruns anônimos e threads no X, todos nós tentando desesperadamente ser fãs melhores que os outros.

Enquanto a capacidade de comunicação se ampliava no mundo inteiro, ampliava-se também o conceito de fã. Aparentemente relacionado ao nosso senso de identidade, ser e ter fãs é agora uma parte essencial da cultura das celebridades. Nós simplesmente não existimos sem as

[5] Assentos nas fileiras mais altas de um local grande e aberto, como um estádio, uma arena ou um ginásio. *Nosebleed* significa "sangramento nasal" e faz referência, nessa expressão, aos escaladores de montanhas que sofrem desse sintoma ao chegarem a altitudes muito elevadas.

coisas e pessoas que amamos (ou odiamos) além da medida. No texto acadêmico de Sean Redmond sobre fama e assuntos relacionados, *Celebridade*, ele postula que:

> *"A identidade das pessoas se estabelece tanto pela maneira como elas se veem como pela maneira como são vistas pelos outros. Estrelas e celebridades oferecem posições identitárias particularmente atrativas que essas pessoas são convidadas a 'assumir'".*

Dá para entender por que a cultura de fã não apenas é atrativa como também cresce consistentemente quando nos damos conta de que buscamos identidade em um mundo cada vez mais barulhento. A abundância de artistas, conteúdos e bens materiais nunca esteve tão saturada, e o nosso acesso aos escalões superiores por meio das redes sociais nunca fez essa relação parecer tão íntima e próxima quanto agora.

Nosso senso de identidade foi desafiado nos últimos anos pela pandemia de covid-19. Buscar conforto on-line era um padrão crescente no fim da década de 2010, mas, ao ficarmos trancados em casa, sentindo um medo constante e vertiginoso do mundo exterior, encontramos motivos lógicos para confiar mais no nosso celular do que nos nossos amigos. Acabamos nos sentindo mais reconfortados diante de telas do que em ambientes sociais. Não é nenhuma surpresa que as comunidades de fãs sejam, atualmente, mais apaixonadas e proeminentes que nunca.

Antes disso, porém, como aconteceu na Roma Antiga, houve tempos mais simples. O significado de ser fã se desenvolveu na sociedade de maneira tão orgânica quanto a própria noção de celebridade. Mas onde tudo começou?

O poder do sexo, da identidade e da controvérsia

Existem padrões no processo que uma celebridade percorre ao deixar de ser uma centelha luminosa para se tornar uma megaestrela. Quando essa centelha luminosa se mostra diferente e destemida e nos oferece algo que nunca vimos antes (mas talvez imaginássemos ou torcêssemos para ter), ela gera uma semente que cria raízes, germina e cresce – neste caso, até se tornar uma superestrela. E, para haver fãs, é necessário que haja estrelas.

Se recorremos a figuras públicas para formular o nosso próprio sentido de identidade, ver essa identidade refletida de volta em nós pelas estrelas mais brilhantes é um conceito que promove empoderamento e inspiração e pode nutrir um sentimento perene de lealdade. Queremos nos sentir como as pessoas que conseguiram chegar lá, queremos que elas nos conheçam. Afinal, elas já foram como nós.

Na década de 1950, Elvis Presley lançou sua carreira musical no mercado dos Estados Unidos fortemente inspirado pela música afro-americana. Nos dez anos seguintes, Elvis disparou para o estrelato surfando na onda de legiões de fãs obcecados e devotos que estavam vendo algo parecido pela primeira vez.

Conhecido agora e na época como o Rei, Elvis é considerado uma das figuras mais importantes da música do século XX. Como ele chegou a essa posição de realeza cultural? É indiscutível que os fãs de Elvis eram, no auge da fama do artista, numerosos, dedicados e, sejamos sinceros, um pouco apaixonados por ele. Dotado de uma voz única, de habilidade para desenvolver experimentação musical e de um visual inédito – dos cabelos encaracolados aos macacões de couro justos e sedutores –, Elvis deu às pessoas algo sobre o que falar e alguém a quem amar. O visual vinha acompanhado de um amor antigo e sólido pela música; ele ganhou seu primeiro violão aos dez anos de idade, apesar de ter crescido na pobreza. Um rapaz de origem humilde, Elvis passou a criar hits que são até hoje tocados, amados e citados como inspiração pelos músicos.

A histeria dos fãs de Elvis foi construída à medida que sua própria identidade como artista famoso se formava e se expandia. Algo como aquilo jamais havia sido testemunhado antes: um homem considerado branco que apresentava e celebrava os ideais tradicionalmente negros do blues e do rock. Elvis corria riscos e violava regras. E todos nós amamos um *bad boy*, não é?

Um fã-clube é mais que uma multidão de garotas enlouquecidas e apaixonadas por homens famosos. Deve-se reconhecer que Elvis se destacava não apenas por sua música, mas também por seu visual rebelde e romântico. Possivelmente a primeira coisa em que você pensa quando imagina Elvis é ele vestindo um macacão todo de couro e balançando os quadris ao som de "Jailhouse Rock". Sim, Elvis era um gato e deu aos fãs algo sobre o que falar além de música.

A performance icônica e inédita dele, *Aloha From Hawaii*, de 1973, foi a primeira apresentação musical a ser transmitida em cores – para mais de quarenta países, batendo um recorde ao alcançar uma multidão de um bilhão e meio de fãs. O show foi visto por mais que o dobro da quantidade de pessoas que assistiram ao pouso na Lua. Elvis era oficialmente mais famoso que o espaço.

Logo depois de Presley, do outro lado do Atlântico, quatro jovens de Liverpool no fim da adolescência ofereceram outro exemplo clássico de como abordagens novas e únicas na arte e na estética podem catapultar desconhecidos para a fama histórica e atemporal. The Beatles – John, Paul, George e Ringo – continuam até hoje sendo o padrão em que se baseia a maioria dos discos musicais, e foram conduzidos aos holofotes por uma legião de fãs, em sua maioria mulheres.

A base de fãs dos Beatles é amplamente lembrada e reconhecida por ser, na época, composta de jovens garotas aos berros. Como Hannah Ewan observa em seu livro inspirado no universo de One Direction, *Fangirls*, "De repente, os fãs não eram apenas parte de algo maior que eles mesmos; eram tão importantes quanto os artistas que amavam. O termo 'Beatlemania' estava estampado nas manchetes, e, se você fazia parte dessa 'loucura'... os holofotes estavam em cima de você". Com a ascensão da televisão veio a exibição de noticiários e shows, e os Beatles proporcionaram pela primeira vez o foco da mídia na base de fãs. Agora todos podiam testemunhar a verdadeira dedicação. Aqueles fãs histéricos e aos berros eram vistos exatamente assim: fora de si.

Depois de um tempo, a comunidade de fãs se expandiu e passou a incluir pessoas com gosto musical mais "confiável", e assim nasceram quatro superestrelas globais. Gente, *I think I've seen this film before*[6].

Tanto os Beatles como Elvis vieram de contextos humildes, trabalharam incansavelmente para realizar seus sonhos e representar "pessoas reais". Para alcançar o sucesso, John, Paul, Ringo e George tiveram de nadar contra a correnteza. Eles não tinham acesso ao dinheiro nem ao seleto círculo da indústria; eram gente como a gente. Essa filosofia de "gente como a gente" passou a ser o centro de muitas histórias de celebridades, bem como de franquias televisivas globais e multimilionárias como *Big Brother*, *Pop Idol* e *The X Factor* – franquias que reúnem os ninguéns do cotidiano dotados de algum talento espetacular e pedem ao público que escolha o vencedor.

Como a mídia passou a ter mais influência sobre nós, deu às celebridades – e aos seus fãs – mais importância na sociedade cotidiana. E então começamos a ver a fama crescer também.

[6] Verso da música "Exile", do álbum *Folklore*, lançado em 2020; significa "acho que já vi esse filme antes".

Com a ascensão da imprensa e dos *clickbaits* nas manchetes, houve mais espaço que nunca para os jovens descobrirem a música e, por consequência, descobrirem os artistas que a criaram. Além dessas descobertas, a mídia deu às pessoas mais acesso à vida privada e pessoal das celebridades e mostrou ao público como ser um fã. Forneceu às novas gerações um manual, um guia de instruções para fãs iniciantes: se você ama tanto assim o seu artista favorito, deve provar seu amor como fazem estes outros fãs. Você tem permissão para ser mais histérico, mais dedicado, mais fanático que a última fã enlouquecida dos Beatles, ou do One Direction, ou da Taylor Swift que conheceu. Se essas pessoas que vejo na minha televisão estão se amontoando o dia inteiro na frente de um hotel ou acampando em filas para conseguir os melhores lugares, eu também devo.

Podemos observar esses padrões espelhados e amplificados no comportamento atual dos fãs – assim como a televisão transformou nomes como Elvis, The Beatles e David Bowie em imagens em movimento, agora temos as redes sociais para nos ajudar a conhecer ainda melhor os nossos ídolos. Podemos ver o que comem no café da manhã, o que estão ouvindo, onde estão, temos letras de músicas que sugerem a rua onde moraram, como a tão amada "Cornelia Street", de Taylor Swift.

Esses lugares podem tornar-se locais de culto para os fãs – fenômeno amplificado pelo acesso constante que temos às atualizações de localização em tempo real e pela facilidade com que podemos convidar outros fãs a, reunidos, protegerem esses locais e os momentos marcantes que aconteceram ali. Em 2023, os fãs se aglomeraram na Cornelia Street para depositar flores em luto pelo fim do relacionamento de seis anos de Taylor Swift com Joe Alwyn.

Não importa se Taylor já não mora na Cornelia Street há anos, e os fãs, é claro, não têm uma visão completa do relacionamento entre ela e Joe Alwyn (apenas o que ela escreve em suas músicas do próprio ponto de vista, ou vislumbres em fotos de paparazzi, páginas de fofocas e mídias sociais). No entanto, o forte ímpeto de eternizar, ou mesmo de honrar, ou de lamentar, um relacionamento tão monumental na vida dela claramente comove os fãs o bastante para gerar neles a necessidade de ocupar o mesmo espaço físico que ela já ocupou, não importa quão brevemente.

*

Seria necessário estar vivendo em outro planeta para nunca ter ouvido falar ou ter testemunhado o impacto de David Bowie. Bowie foi reverenciado nas décadas de 1970, 1980 e 1990 por jornalistas, estrelas do rock e jovens de todo o mundo. Também foi um poderoso e hipnótico representante dos jovens, especialmente da comunidade queer, expandindo seu talento artístico para a política. Bowie era um galã muito provocativo, mas a bandeira que ele levantava quanto à sua sexualidade diante de tamanho estrelato era uma grande afirmação – ele era muito mais intencional ao expressar seu talento artístico singular e o posicionamento político que outros artistas musicais que o precederam.

David Bowie foi um dos primeiros artistas a apresentar a noção de "eras" e identidade e tornou-se conhecido por ser um grande metamorfo ao longo de sua carreira. Bowie manteve fãs, críticos e amantes da música em alerta ao passar temporadas assumindo diferentes personagens, como Ziggy Stardust, Aladdin Sane e The Thin White Duke. Cada era da carreira de Bowie gerava mais conversa e certamente o tornava mais corajoso e ousado. Ele despertava o fascínio das pessoas ao deixá-las querendo mais e se perguntando o que viria a seguir. Por meio de imitação e escolha de estilo, seus fãs aspiravam ser iguais a ele – e a qualquer personagem que ele apresentasse em uma de suas eras.

Podemos ver isso acontecendo hoje com Lady Gaga, Beyoncé e, é claro, Taylor Swift.

Bowie tirava sua inspiração da arte erudita, de continentes distantes, de culturas alienígenas e de uma mente forte e criativa.

Hoje as celebridades têm acesso a orçamentos astronômicos e a estilistas da alta-costura com uma vasta habilidade criativa para ajudá-las a criar seu próximo visual digno de mídia. Ainda assim, o objetivo continua o mesmo: tomar conta da nossa imaginação, chamar atenção e contar uma história na qual o público sinta vontade de mergulhar.

O poder da mídia, ídolos pop e as redes sociais

No documentário do Channel 4 *Crazy About One Direction*, sugere-se que 1D foi a primeira banda a realmente se beneficiar do burburinho das mídias sociais. Na época de formação do grupo no *The X Factor*, as equipes de marketing nos bastidores tinham uma estratégia clara: usar a ascensão do X e o impacto da plataforma na maneira como os cantores se tornavam estrelas. Estudando o que vinha sendo dito sobre cada membro da banda ou ato solo na plataforma, relatórios semanais foram criados para ajudar os produtores da ITV e os criadores de hits da produtora SyCo, de Simon Cowell, a entender os níveis de popularidade em torno de cada show ao vivo de um jeito que nunca havia acontecido antes. Fizeram gráficos das hashtags, documentaram menções e observaram o número de seguidores como falcões. A ITV, então, apresentou todos os cinco garotos da banda nas redes sociais – com contas já criadas no X antes mesmo de os garotos terem atingido qualquer nível de fama – para testar o interesse público.

No dia em que a final da 7.ª temporada do *The X Factor* foi ao ar, em dezembro de 2010, Harry, Liam, Louis, Niall e Zayn já haviam alcançado números astronômicos de seguidores no X. Mas além dos números os garotos também tinham outra coisa: um exército de adolescentes prontas para se apaixonar, lutar e comprar qualquer briga por eles; estavam dispostas a ultrapassar qualquer limite pela oportunidade de conhecê-los melhor – nem que fosse para vê-los pessoalmente uma única vez.

O documentário *Crazy About One Direction* nos mostra alguns exemplos das mais fervorosas atitudes de fã. Vemos garotas que são destacadas como superfãs, sentimentais, ingênuas e sem limites. Em um longo trecho do documentário, fãs usam as redes sociais para descobrir em qual hotel a banda está hospedada e fazem de tudo para encontrar seus ídolos queridos. O X é responsável tanto pelas alegrias como pelas tristezas: uma cena retrata garotas arrasadas ao verem um tweet da banda dizendo estar a caminho da próxima cidade para fazer o show seguinte, tornando inútil a busca delas por contato pessoal.

O documentário foi criticado por superfãs, mas o trabalho é, na verdade, uma visão desconfortavelmente honesta de até onde os fãs são capazes de ir e quanto seus artistas favoritos significam para eles. A conexão pessoal que os fãs sentiam com o One Direction foi amplificada pela proximidade que acreditavam ter da banda, já que haviam participado da jornada que transformou aqueles garotos normais em estrelas da noite para o dia. Além disso, os membros da banda estavam presentes o tempo todo no celular dos fãs – ou de seus laptops –, viviam dentro de seus bolsos, dentro de seus quartos. Não era necessário sair de casa para se conectar com o grupo, mas, se saía, será que a conexão ficava ainda mais forte? Quando paixão enfrenta paixão, quem vence a batalha de ser o "melhor fã"?

A mídia social é a apresentação em preto e branco de "Jailhouse Rock" dos tempos atuais. É o show *Aloha from*

"Quando adentramos mais e mais um mundo onde quase não existem limites, onde **COMEÇA** a nossa admiração de fã e onde deve **TERMINAR** o nosso acesso às celebridades?"

Hawaii, mas acessível diariamente, quando você quiser, onde quiser. Transmitir uma apresentação na década de 1970 para bilhões de fãs era um fenômeno inédito; hoje podemos pegar nosso celular, abrir o TikTok e assistir aos melhores momentos de shows em alta definição sempre que quisermos. Os Beatles e suas manchetes parecem um sonho distante, ao passo que agora vemos fãs transmitindo tudo no TikTok no instante em que algo remotamente interessante acontece.

Quanto a Bowie e seu estilo radical de se vestir, agora temos acesso quase imediato ao exato modelo dos sapatos ou da camisa branca oversized que Taylor Swift usou simplesmente olhando nossa conta favorita do Instagram que documenta cada peça de roupa dela. Somos alimentados com anúncios de marcas de moda entusiasmadas exibindo as celebridades que usam seus itens. Podemos comprá-los, usá-los, sermos iguais a ela.

Onde fica o limite? Quando adentramos mais e mais um mundo onde quase não existem limites, onde começa a nossa admiração de fã e onde deve terminar o nosso acesso às celebridades? A nova maneira de amar as coisas está afetando a maneira como entendemos o mundo dos fãs? É mais fácil ser um superfã agora que podemos dizer a todo mundo on-line quanto amamos as coisas? Que tipo de pessoa hoje é motivada por tal dedicação?

Quem são os fãs? O que nos atrai, o que nos move? Se tanto a privacidade como a arte das celebridades duram apenas enquanto durarem os stories do Instagram de hoje e de amanhã, como podemos manter vivo o mistério?

CAPÍTULO 2

GIRL AT HOME[7]

O que é um fã?

[7] Referência à música "Girl at Home", do álbum *Red*. A música recebeu uma nova roupagem na regravação, *Red (Taylor's Version)*, de 2021; significa "garota em casa".

Fã

substantivo de dois gêneros

1. Indivíduo que tem e/ou manifesta grande admiração por pessoa pública (artista, político, desportista etc.)

2. Pessoa que tem grande afeição ou demonstra grande interesse por (alguém ou algo)

Dicionário Houaiss da Língua Portuguesa

Fãs existem há séculos. Conhecemos os princípios básicos de quem são os fãs quando olhamos para a definição da palavra no *Dicionário Houaiss da Língua Portuguesa*: uma pessoa que ama algo, geralmente sob os holofotes, e muitas vezes com um elemento de experiência envolvido, sejam jogos esportivos, sejam filmes e programas de televisão ou entretenimento musical.

Com o passar dos anos, no entanto, depois da invenção da internet, os dias em que amamos alguém ou algo especial isoladamente se foram. Se quiser alcançar pessoas que pensam como você, há cada vez mais maneiras de fazer isso.

As comunidades on-line existem desde a década de 1990. A partir de comunidades on-line construímos fã-clubes. Sherry Turkle, em *Clicking In* (editado por Lynn Hershman Leeson), descreve essas comunidades on-line como "realidades sociais virtuais". É claro que elas percorreram um longo caminho desde 1996, e vemos, hoje mais que nunca, que a nossa realidade digital e a nossa realidade off-line estão quase completamente fundidas. Os jovens de hoje não precisam fazer essa distinção, porque podem levar consigo os seus amigos e inimigos da internet para todo canto. Os celulares e a internet, sem dúvida, mudaram a cultura dos fãs para sempre.

Os fã-clubes fascinam os acadêmicos. Há especialistas dedicando suas carreiras à tentativa de descobrir o que leva os fãs a se comportarem daquela maneira: o que nos motiva, o que nos irrita e o que nos deixa loucos de empolgação.

Henry Jenkins é um desses acadêmicos. Ele pesquisou extensivamente comunidades e subculturas on-line, o processo de escrita de fanfics, as comunidades de fãs e os padrões que as permeiam. Ele fala de "grupos auto-organizados", e, quando nos distanciamos de nós mesmos, podemos enxergar que esta é uma observação importante. Em todas as outras esferas da vida, nossos amigos nos são atribuídos. Não podemos vetar nem escolher nossos colegas de classe antes de começarmos em uma nova escola, por exemplo. Mas, se nos juntarmos a um clube ou a um fã-clube, estaremos selecionando a tribo de pessoas com quem desejamos estar conectados. Isso é muito legal e diferente das várias outras conexões que fazemos na vida.

Jenkins também observa que:

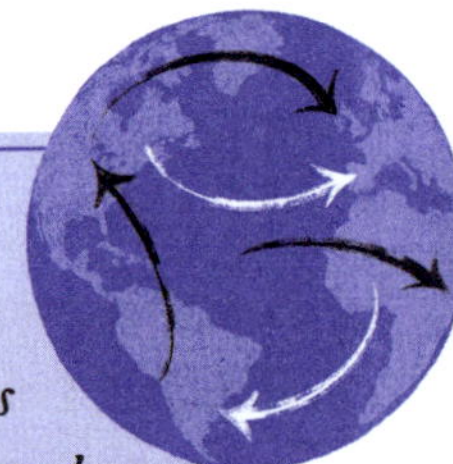

> *"A velocidade e a frequência com que ocorre a comunicação podem intensificar os laços sociais dentro da comunidade de fãs. Eles podem interagir diariamente, se não de hora em hora, on-line. Os fãs geograficamente isolados podem se sentir muito mais conectados à comunidade de fãs, e os fãs mais caseiros desfrutam de um novo nível de aceitação".*

Mais uma vez, muito legal. A cultura de fã não isola ninguém e aceita qualquer pessoa que compartilhe do mesmo gosto ou amor por algo. Grandes amizades podem surgir quando simplesmente conversamos com outras pessoas sobre algo que amamos. Como mencionei, somos seres humanos e ansiamos por conexão. Se nem sempre conseguimos

"A cultura de fã não isola **ninguém** e aceita **qualquer pessoa** que compartilhe do mesmo gosto ou amor por algo."

estabelecê-la em ambientes tradicionais, a comunidade de fãs abre um caminho pelo qual você pode se encontrar. Isso faz parte da minha história, e não tenho dúvida de que faz parte da sua também.

Quando eu estava imersa na fantasia de fã, no início dos anos 2000, havia uma grande diferença. As comunidades de fãs das quais eu participava tinham uma aura de mistério. A maioria das pessoas usava pseudônimos on-line para participar de fã-clubes, e empolgar-se intensamente com algo fora da "vida real" não era considerado interessante. Havia uma divisão entre nossa vida cotidiana e as coisas que consumíamos.

Isso não quer dizer que minha dedicação ao ofício de fã fosse menos do que integral. Em uma vida na qual eu tinha poucas amizades, era esquisita durante a adolescência e estava muito longe de ser descolada, participar de comunidades virtuais era a única coisa que me deixava entusiasmada todos os dias. Era a minha fuga da realidade, e eu tinha um grande carinho por essa parte da vida.

Se alguém me tivesse dito que ser fã se tornaria algo generalizado, popular e até mesmo interessante apenas alguns anos depois, acho que a notícia teria me deixado muito feliz.

Tornando a cultura de fã atrativa

Há uma espécie de valorização da cultura de fã acontecendo na geração atual de jovens. As culturas virtuais e os crescentes espaços de fãs fizeram com que muitas pessoas encontrassem sua tribo, e essas tribos estão ajudando a definir o que todas as outras pessoas consomem. Dar poder à cultura de fã é conferir relevância e interesse externos ao grupo – se estar em um fandom faz de você um influenciador, um formador de opinião, então estar em um fandom faz de você uma pessoa descolada.

O romance best-seller de Rainbow Rowell, *Fangirl*, é uma das representações fictícias mais precisas de ser fã que já li. *Fangirl* nos mostra as irmãs gêmeas Cath e Wren embarcando em seu primeiro ano na universidade e navegando pela vida em um novo ambiente enquanto enfrentam desafios pessoais. Cath é uma escritora de fanfics on-line – prolífica e altamente reverenciada no universo imaginário de Simon Snow. Milhares de fãs leem suas histórias, e ela é forçada a equilibrar e compreender sua vida dentro do fandom com sua vida no mundo real enquanto se torna cada vez mais difícil escapar dela.

Fangirl convidou um mundo de garotas anônimas a se sentir representadas nas páginas do livro de Rowell – dá até para ler as fanfics de Cath como parte do texto. Rainbow Rowell fez algo incrivelmente perspicaz com essas histórias dentro da história –, e se você olhar bem de perto, vai ver como as próprias experiências e aprendizados de Cath se desenrolaram no mundo das estrelas que protagonizavam suas fanfics, Simon e Baz. Para quem as escreve, as fanfics podem ser uma forma terapêutica de desvendar suas próprias curiosidades, desafios da vida e inclinações românticas. *Fangirl* explora isso de maneira esplêndida e ajudou muitas fãs a se sentirem validadas e vistas.

Vou me lembrar para sempre do público que vi comparecer aos primeiros eventos literários de Rainbow Rowell no Reino Unido (de cujo planejamento eu tive muita sorte de participar, pois era meu trabalho na época). Eram fãs apaixonados e dedicados. Sim, claro que eram fãs de livros e da própria Rainbow, mas também eram fãs de outras coisas. Lá eu encontrei Whovians[8], Potterheads[9] e Johnlocks[10] – todos finalmente se sentindo representados na ficção popular. A *slash fiction* (a arte de escrever romances entre pessoas do mesmo sexo, com frequência entre homens) pode parecer uma experiência muito particular, muitas vezes uma maneira de explorar sentimentos de amor e desejo, identidade de gênero e sexualidade... ou apenas tirar do seu sistema algumas emoções juvenis. Essas histórias românticas, com personagens que você pode imaginar em detalhes, me ajudaram, quando jovem, a compreender muitas questões confusas presentes na minha própria vida. Não é tão diferente de ler *Crepúsculo* ou assistir a *Eu Nunca*... Todos nós usamos ferramentas para nos ajudar a entender a situação pela qual estamos passando, especialmente quando somos jovens e vivenciamos tantas coisas pela primeira vez.

Os fãs de Rowell pareciam – enquanto se sentavam, ocupando fileira por fileira, e esperavam pacientemente na fila para conhecer a autora que expressava tão bem a comunidade deles – um espelho refletindo minha própria imagem quando

---

[8] Fãs de *Doctor Who*.

[9] Fãs de *Harry Potter*.

[10] Shippers de Sherlock Holmes e John Watson.

adolescente. Eu olhava para eles, e eles olhavam através de mim para sua amada autora. Diante deles eu me lembrei daquela sensação de estar em comunidade, daquele sentimento de autodescoberta. Eu também havia sido uma leitora e escritora desajeitada de fanfics; era dolorosamente tímida, reservada, mas orgulhosa. Uma fã ávida e obsessiva por muitas coisas. A cada poucos anos, eu passava de um programa ou de uma história favorita para outra, mergulhando em todos os elementos de cada glorioso episódio, capítulo, livro ou série.

Mas era o meu segredo mais bem guardado, um assunto sobre o qual nunca falei, mesmo depois que cresci e abandonei a cultura de fã. Não era descolado ser fã há quinze anos. Era considerado meio estranho, na verdade. Então eu encontrei minha tribo, o primeiro grupo de pessoas que fez eu me sentir engraçada, legal e interessante, e essas pessoas existiam no mundo virtual. Imaginávamos mundos novos, reimaginávamos os nossos mundos favoritos e tínhamos algo em comum: todos amávamos a mesma coisa. Aprendi que tinha talento no Photoshop fazendo *fan art*. A primeira história que escrevi foi uma fanfic de *Harry Potter*. Adquiri habilidades, encontrei aceitação e nunca compartilhei isso com uma única pessoa fora do meu velho e lento laptop.

O que vemos hoje é incrível, na minha opinião. Uma infinidade de jovens animados para expor on-line aquilo que mais amam, seja uma coisa, seja uma pessoa ou uma história. Não há vergonha nem segredos.

Os fãs validam uns aos outros (em sua admiração pelo ídolo) simplesmente compartilhando, e não o fazem apenas sentindo grande apreço pela mesma coisa, mas criando memes, fazendo tweets, compartilhando tudo em grupos de WhatsApp dedicados ao seu ídolo favorito. E quanto mais compartilhamos, mais as celebridades nos percebem. Elas estão se tornando parte da nossa cultura de fãs também.

Reavendo a narrativa

Você já ouviu falar da "quarta parede"? Talvez não, pois parece que estamos muito longe do seu apogeu. A quarta parede se refere à barreira invisível que separa o artista do fã. Quando essa parede – estrategicamente colocada diante de nós pelo bem na narrativa – começou a ser quebrada com mais frequência devido ao surgimento das redes sociais e ao acesso constante às celebridades, o mesmo aconteceu com a fantasia dos fãs.

Ser fã geralmente implica mais que apenas amar determinada coisa, especialmente na cultura de fã que observamos hoje. Agora é possível ficar de olho nos nossos atores, músicos e influenciadores favoritos de hora em hora, ainda mais depois do surgimento de ferramentas ilimitadas e de alta frequência, como os stories do Instagram e o TikTok. Hoje temos mais acesso uns aos outros do que jamais tivemos.

Talvez haja algo positivo na quebra da quarta parede, pois assim as celebridades e seus associados têm a liberdade de disparar stories e subtweets[11] da maneira como desejarem. É comum ouvirmos artistas dizerem: estou "resgatando a narrativa" ou "reivindicando minha verdade". A realidade é que isso foi um luxo conquistado com muita dificuldade, e ainda hoje é um desafio aplicá-lo. Escrever mensagens de maneira estratégica e ser um "livro aberto" são escolhas associadas a riscos para uma celebridade, mas há algumas, como Paris Hilton, Britney Spears e Katie Price, que acham isso libertador, pois finalmente têm a chance de controlar cem por cento (até onde sabemos) de sua narrativa nas redes sociais depois de anos sendo caçadas pela mídia e pelos paparazzi.

Esse fenômeno tem duas consequências: confunde os limites entre amigos e famosos e nos dá a impressão de que nosso acesso às celebridades é tão livre quanto o nosso acesso aos companheiros do dia a dia. Significa também que as celebridades têm acesso a nós, se assim o desejarem. A habilidade de cantores, *showrunners* e criadores de histórias se comunicarem com os fãs confunde ainda mais os papéis e desafia os limites que costumam ser mais claros no mundo das celebridades.

Taylor Swift dá um passo adiante. Ela não apenas resgatou sua narrativa como também parece ter chegado ao ponto de assumir o controle total das mensagens que transmite. Como ela faz isso? Por meio das letras de suas músicas, sim, mas também por meio de seus fãs – que são leais, atentos e estão sempre dispostos a transformar as mensagens em lendas. E quem tem a ousadia de discutir lendas?

[11] Tweet em que o autor menciona uma pessoa mas não marca o @ dela, para que ela não veja o que foi escrito. Subtweets costumam ter teor agressivo, tom atravessado.

Are you ready for it?[12]

Taylor Swift é única. Ela é um talento muito característico da geração e do cenário da indústria em que foi criada; um talento que precisou resistir à mudança para plataformas de música digitais, serviços de streaming e pirataria. Sua abordagem autêntica e honesta, impulsiva e humana em relação à sua presença na indústria musical faz com que ela vire um assunto frequente. A música dela não é apenas brilhante – preenchendo uma lacuna muito necessária no mercado para as gerações mais jovens –, mas também honesta, compassiva e semelhante a um diário. Não é nenhuma surpresa que Taylor tenha reunido um exército leal de Swifties, como é conhecido seu fã-clube.

Os Swifties nos contam tudo o que sabemos e muito mais sobre cultura de fã. Eles são uma frente unida, mas dividida e hierárquica. Existem em gerações, ou Eras, e cada uma tem uma noção diferente do que é ser um fã "bom" e "adequado". Amam música, amam Taylor. Alguns amam apenas a música de Taylor. Os Swifties geralmente procuram estar inteirados da vida pessoal dela e fazem quase qualquer coisa para ajudar a impulsionar seu sucesso profissional. Gastam dinheiro, enfeitam-se com produtos de *merch* e pulseiras da amizade para ir aos shows ao vivo e até recompram os álbuns

---

[12] Verso da música "...Ready for It?", do álbum *Reputation*, lançado em 2017; significa "você está pronto para isso?".

de Taylor depois de regravados, para que ela retome o que lhe é de direito. Seus fãs seguem os *Easter eggs* com persistência, vestem as roupas de detetive com orgulho e ajudam uns aos outros a descobrir o que está por vir no multiverso de Taylor Swift. Eles atualizam os fãs menos informados com prazer e saltam de uma plataforma a outra nas redes sociais, dominando cada uma delas.

Podemos aprender muito com o fã-clube de Taylor, que muitas vezes parece chegar aonde nenhum outro fã-clube jamais esteve. Eles ditam tendências e regras de etiqueta nas redes sociais e nos ensinam muito sobre a natureza da vida como fã. O relacionamento único que têm com seu ídolo é ao mesmo tempo parassocial e pessoal. E às vezes... eles vão longe demais. Nunca houve um momento mais empoderador para ser fã, e nunca houve um fã-clube mais interessante que o de Taylor Swift.

CAPÍTULO 3

MISS AMERICANA[13]

Quem é Taylor Swift, afinal?

[13] Referência à música "Miss Americana & the Heartbreak Prince", do álbum *Lover*, lançado em 2019; significa "miss americana e o príncipe do coração partido".

Taylor Alison Swift nasceu em 13 de dezembro de 1989, na Pensilvânia, Estados Unidos. Ela tem um irmão, Austin, e seus pais, Alison e Scott, eram ambos bem-sucedidos em suas respectivas carreiras. Sempre apoiando as inclinações dos filhos, Taylor Swift foi criada – nada menos que em uma fazenda de árvores de Natal! – em um ambiente musical desde cedo.

Taylor começou a escrever canções aos onze anos, inspirada em estrelas da música country como Dixie Chicks, Shania Twain e LeAnn Rimes. Uma entrevista do *Guardian* de 2012 afirma: "[Swift] relembra as canções de Shania Twain que ouvia na infância e 'que lhe faziam ter vontade de simplesmente dar várias voltas no quarteirão correndo e sonhando acordada'." Swift é famosa por escrever letras cheias de honestidade e sentimento, semelhantes aos primeiros trabalhos de Shania Twain, embora possuam além disso um quê de escapismo, fantasia e imaginação, aspectos que se destacam em seus primeiros trabalhos, mas também em álbuns posteriores, como *Folklore* e *Evermore*.

Quando menina, Swift também se inspirava em sua avó materna, uma cantora de ópera de sucesso, que morreu em 2003. Swift homenageia o espírito e o talento de sua avó na faixa *Marjorie*, do álbum *Evermore*, e fica claro quanto ela mantém esse espírito e essa criatividade vivos dentro de si como fonte de inspiração. Ela até colocou a música em seu setlist da Eras Tour de 2023, homenageando a memória de Marjorie ao incluir sua voz na faixa de apoio da apresentação. Taylor fala longamente em uma entrevista que deu a Zane Lowe sobre sua tristeza e arrependimento por não ter tido a oportunidade de conhecê-la melhor.

É essa franqueza, a combinação de vulnerabilidade e imensa força, que enquadra Taylor Swift como uma joia rara na indústria do entretenimento. A fama crescente nunca abalou a capacidade dela de ser humana com seu público, de preservar aquele mesmo espírito agradável e quase infantil que ela tinha no início de sua carreira. Taylor Swift continua sendo amiga de todo mundo. Na abertura de todos os seus shows ao vivo, ela anuncia com entusiasmo e um sorriso encantador: "Oi, eu sou a Taylor!" – como se nós todos já não soubéssemos. No entanto, ela alcançou níveis de notoriedade altamente ambiciosos, assumindo uma aura especial que só brilha mais e mais à medida que sua fama aumenta.

Os pais de Taylor concordaram em se mudar da Pensilvânia para Nashville a pedido da filha, que na época tinha apenas catorze anos de idade, para ajudá-la a seguir carreira na música. A música country era o foco da jovem Taylor Swift, e Nashville era o lugar onde o gênero era mais valorizado. Taylor logo se tornaria parte desse mundo, assinando seu primeiro contrato com a Sony/ATV logo depois.

Seu primeiro álbum, *Taylor Swift* (conhecido pelo fã-clube como *Debut*), foi lançado em 2006. O primeiro lançamento de Taylor, "Tim McGraw", foi um sucesso instantâneo na cena country. A habilidade de composição e a vulnerabilidade expressiva de Swift foram os pontos de destaque mesmo naquele início de carreira. Ela tinha dezesseis anos na época do lançamento de seu autointitulado álbum de estreia – era jovem, ávida e ingênua. Embora aspirasse ter sucesso no cenário da música country, repleto de seus próprios ídolos, ela nunca pareceu intimidada e manteve sua voz única.

Swift cultivou a união de fãs dedicados e fervorosos. As primeiras raízes do fã-clube surgiram a partir dos ouvintes de música country, mas o núcleo gradualmente se expandiu e alcançou grupos mais amplos, próximos a ele. Este costuma ser o padrão no desenvolvimento de fã-clubes; surge o burburinho de um círculo pequeno e investido que chama a atenção de alguém que está sentado no muro – alguém que talvez goste de música country ou sinta uma espécie de nostalgia quando ouve um single de sucesso –, e assim acaba se dispondo a mergulhar um pouco mais fundo. Com Taylor Swift, se você mergulha o dedo do pé, nunca mais vai sair daquela água. Há realmente muita coisa ali.

Dito isso, há um enorme poder na aquisição de um fã-clube pequeno, mas engajado. O apoio inabalável que eles oferecem pode culminar na expansão de sua paixão e entusiasmo para o público *mainstream*, chamando atenção de possíveis novos fãs. Em uma trajetória acelerada, Swift logo alcançou o topo da indústria musical country, recebendo o prêmio CMT Music de Artista Revelação em 2007, bem como o Country Music Award na categoria Nova Vocalista Feminina do Ano.

Depois veio o *Fearless*. Seu segundo álbum vendeu cem milhões de cópias. Swift se manteve próxima do country com *Fearless*, mas aumentou a aposta com letras cativantes, canções que contavam histórias e eram verdadeiros hits de rádio.

Músicas como "Fifteen" e "You Belong With Me" fizeram Taylor ser identificada como uma de nós – não a garota popular ou a líder de torcida, mas a esquisita deslocada que lutava para encontrar o amor e se sentia intimidada pelo grande mundo fora da escola. E ela nos contou todos os detalhes, usando a música quase como um diário.

Tudo o que ela nos contava, nós entendíamos, já que estávamos vivendo aquilo também.

A honestidade e vulnerabilidade de Taylor estabeleceram a base do relacionamento de uma década entre ela e seus primeiros fãs. Essa sensação de que a conhecemos, de que temos acesso à maneira como funciona sua mente, mas também aos seus sentimentos mais autênticos, cria um vínculo que se fortalece a cada interação direta ou indireta, a cada letra que ajuda um fã a se sentir visto ou mais bem compreendido. O relacionamento entre os Swifties e Taylor tem um vínculo muito único e característico, e é nada menos que um fenômeno.

Na verdade, aquele foi apenas um impulso ascendente inicial que Taylor Swift experimentou em seus primeiros anos como artista musical, conquistando um fã-clube fiel e crescente de maneira relativamente rápida, embora ainda fosse demorar um pouco até atingir o auge, que aconteceu na década de 2020. Sua voz jovem e enérgica inspirou e conquistou milhares de pessoas. No final da adolescência, quando ainda era uma jovem adulta, a fama a encontrou.

Mas com a fama vêm as opiniões, os olhos observadores e o drama. O drama que encontrou Taylor Swift no início de sua carreira ia assombrá-la por muitos anos e enquadrá-la como uma das celebridades mais comentadas da década.

Who you are is not what you did[14]

Vamos, então, dar um salto para o MTV Video Music Awards em 2009. Aos dezenove anos de idade, Taylor Swift foi indicada para os seus primeiros prêmios de música *mainstream*; depois disso, sua fama crescente foi desafiada, e sua confiança foi abalada em um só golpe, desferido por Kanye West. É impossível escrever um panorama da vida pública de Taylor Swift sem falar sobre Kanye. Naquela época, Kanye estava no auge da fama, e Taylor era fã dele. Por causa de um momento impulsivo de Kanye West, teve início uma rivalidade entre as duas celebridades, algo que acompanharia os dois no decorrer dos anos seguintes.

Vamos contextualizar a cena: Taylor Swift está usando um belíssimo vestido grego longo – prateado e brilhante –, seus cachos perfeitos estão reunidos em um coque descontraído, e na boca ela usa um batom vermelho, sua marca registrada. Ela recebe o prêmio de Melhor Clipe Feminino, e a câmera se volta para o rosto da cantora chocada, boquiaberta e encantada.

---

[14] Verso da música "Innocent", do álbum *Speak Now,* lançado em 2010 e relançado em 2023; significa "você não é o que você fez".

Vemos estrelas como Pink na plateia sorrindo orgulhosamente para a próxima geração de jovens mulheres artistas sendo recompensadas pela indústria.

Enquanto Taylor sobe ao palco e começa seu discurso, há um corte de câmera, e de repente Kanye está no palco também, tirando o microfone da mão de Taylor para proclamar Beyoncé merecedora do prêmio. Beyoncé, na plateia, parece espantada e claramente desconfortável.

É aí que as vaias começam. Swift conta em seu documentário da Netflix, *Miss Americana*, que na hora achou que as vaias fossem para ela – seu primeiro grande troféu arrancado de suas mãos ansiosas antes mesmo de ela ter a chance de celebrá-lo, e sua insegurança juvenil contribuindo para um sentimento de que ela não é merecedora, de que o público não gosta dela. O momento é desconfortável de assistir e, até o momento em que este texto foi escrito, algo pelo qual West nunca se desculpou. No entanto, é claramente um momento decisivo para o futuro da carreira de Taylor, bem como para o seu senso de identidade e para a maneira como ela se encaixa na indústria. É irônico que uma jovem que escreveu sobre não se encaixar entre o pessoal descolado possa receber essa grande oportunidade, um holofote para celebrar a si mesma, e no mesmo instante ser esmagada por alguém que ela admira.

A mídia não se cansava de falar sobre o assunto, e foi dessa maneira que o drama encontrou Taylor Swift pela primeira vez (mas certamente não pela última). Naquele momento específico, Taylor Swift se tornou uma representação da visão estereotipada da mídia a respeito de mulheres jovens: inocentes, frágeis e de alguma forma inferiores aos seus pares masculinos. Mas com certeza revigorou a dedicação de seus fãs e fez com que sua presença na indústria fosse sentida com mais força.

Taylor voltou ao palco do VMA no ano seguinte para apresentar *Innocent*, faixa do álbum *Speak Now*, que remete diretamente ao momento do MTV Awards. Uma reflexão poderosa sobre perdão, que assume um novo significado na década de 2020, à medida que a saúde mental de Kanye West foi se deteriorando aos olhos do público no decorrer dos últimos anos.

Com o lançamento de *Speak Now* veio também uma nova Taylor Swift, que a essa altura não escrevia canções apenas sobre Kanye, mas também sobre ex-namorados que calhavam de ser celebridades, incluindo John Mayer e Taylor Lautner. Ela ficou conhecida na mídia não apenas pelo homem que a humilhou, mas também pelos homens com quem namorava; era a ex-namorada que contava histórias sobre seus relacionamentos fracassados. *Speak Now* foi escrito exclusivamente por Taylor Swift depois de acusações da imprensa e de jornalistas do ramo musical de que ela não era capaz de escrever suas próprias músicas. Ela o fez, para o efeito que lhe era útil, ou seja, escreveu sobre o que conhecia, apenas para enfrentar mais críticas, julgamentos e rotulações. O fardo carregado pelas mulheres bem-sucedidas é tamanho que Taylor passou os primeiros anos de sua ascensão à fama sob constante escrutínio, minimizada pela mídia apesar de seu talento.

Aparentemente implacável, Swift manteve a cabeça erguida e os olhos fixos em seu objetivo, inovando e progredindo em sua música e ambição. Ela queria mais que ser classificada como uma garota que escreve músicas sobre homens cruéis, portanto seu movimento seguinte foi migrar do country para o pop, e ela o fez com mestria. Apesar da mudança, a identidade de namorada não a abandonou de uma vez por todas, era difícil *shake it off*[15], embora talvez o título tenha amadurecido para *lover*[16].

Em *Speak Now* e *Fearless*, Swift é uma romântica incurável. No início de sua carreira, ela se posiciona como um ponto fora da curva:

Taylor era, e ao mesmo tempo nunca foi, uma garota descolada comum.

O crítico de cinema Nathan Rabin cunhou o termo *manic pixie dream girl* para explicar o tipo de personagem feminina criada como musa, cuja única função é ensinar um protagonista ou grupo masculino "a abraçar a vida e seus infinitos mistérios e aventuras". Ele ainda descreve o arquétipo como "uma proposição de tudo ou nada". Tornou-se uma enorme influência

[15] Referência à música "Shake It Off", do álbum *1989*, lançado em 2014 e relançado em 2023; significa "livrar-se" de algo, "mandar embora", "deixar para lá".

[16] Referência ao álbum *Lover*, lançado em 2019; significa "pessoa que ama ou é amada".

na maneira como os rapazes viam as moças (e como essas moças viam a si mesmas) na década de 1990 e no início dos anos 2000. Swift foi uma das primeiras jovens a dar um passo adiante e romper essa ideologia em rápida ascensão. Ela não era definida pelos homens que a amavam, ainda que os meios de comunicação estivessem determinados a fazer com que isso acontecesse.

Dentro das histórias de amor e fantasia havia as autorreflexões e os sentimentos íntimos de uma jovem. Taylor definiu seu próprio estado de espírito e suas necessidades na música que compunha com grande autoconsciência para uma pessoa que tinha acabado de sair da adolescência. O papel dela no relacionamento ganhava o protagonismo. Não se tratava apenas de homens; tratava-se de como eles a faziam se sentir, de como ela enfrentava o amor e a decepção, bem como a vida ao amadurecer. *Speak Now* nos deu ainda mais que *Fearless* nesse aspecto, com profunda introspecção e reflexão sobre as coisas que impactaram Swift em seus vinte e poucos anos de idade.

Esses álbuns definiram os *meus* vinte e poucos anos, ambos cheios de canções de amor romântico e de amor-próprio, escritas por uma Taylor Swift que estava vivendo, compartilhando e identificando suas próprias experiências na juventude. Uma música em particular, "Fifteen", fala com mais precisão sobre o que é a experiência adolescente do que qualquer outra música que eu tenha ouvido ao longo dos meus anos como amante da música – encapsulando perfeitamente o primeiro amor e

a primeira decepção, mas também os fortes laços de amizade que jovens adultos formam e como esses laços compartilhados muitas vezes podem transformar-se em sentimentos mútuos. "Fifteen" fala diretamente ao período do ensino médio, é uma música que parece inocente, mas mostra profunda introspecção sobre esses encontros formativos e como eles podem nos moldar para o resto de nossa vida. É Swift no seu melhor, falando para e por um público que nunca antes teve voz na música: as meninas adolescentes.

Uma das habilidades mais poderosas de Swift, e que ela manteve mesmo depois desses primeiros álbuns, é sua capacidade de resumir um sentimento ou momento intenso e profundo em apenas um punhado de palavras ou versos. "Fifteen" não é a única música dela que consegue isso, é claro, mas talvez seja uma das primeiras, e dá aquele soco no estômago à moda de Taylor Swift – que agora é bem conhecido – ao relembrar a primeira experiência íntima de sua amiga. A perda da "infância" é um assunto ao qual Taylor sempre volta, e mais uma vez é uma experiência de vida que muda muitas coisas, mas raramente permanece nas composições.

Ao lado de músicas como "Fifteen", há músicas que são pura fantasia. Swift é conhecida por fazer referência a fantasia e sonhos. Mesmo agora, suas músicas prometem reflexões à meia-noite, histórias folclóricas e situações hipotéticas. "Love Story" foi uma das primeiras faixas que viram Taylor se desviar da estrela country e voltar-se para a princesa pop. Há, deliberadamente, um quê shakespeariano na maneira como foi escrita: Romeu e Julieta esgueirando-se pelos jardins, propostas honrosas feitas num cenário de amor supostamente proibido.

Então, como essas duas noções de juventude feminina se encaixam e criam uma visão que fez de mim (e de muitos outros) fã de Taylor Swift por tantos anos? A ideia de que é possível ter o coração partido e ao mesmo tempo ser destemida e de que podemos nos levantar depois de uma queda e ainda fantasiar sobre nosso próximo namorado é uma verdadeira representação do que muitas jovens vivem. Nossa mente estava, e ainda está, cheia de contradições, fantasias e sentimentos. Ser uma mulher vingativa está a um sopro de ser uma mulher com o coração partido; ser provocante pode andar de mãos dadas com o sentimento de objetificação; estar alegre e dançando pelo seu quarto pode acontecer cinco minutos antes de se sentar com um livro de filosofia para expandir sua mente. As pessoas são complicadas, mas de alguma maneira

Taylor Swift faz parecer fácil encapsular a experiência humana em minutos.

Mãe

Então, como foi que a nossa confidente da adolescência se tornou o que é hoje – uma superestrela global? Graças à ascensão da cultura acelerada e taquigráfica em que vivemos agora, tanto on-line quanto off-line, o fã-clube descreve Swift em termos divinos e definitivos: ela não é mais Taylor Alison Swift. Ela ascendeu a Mãe.

A palavra Mãe, que tem sido adotada por fã-clubes e admiradores em plataformas de mídia social como o TikTok, tem origem nas culturas queer e drag e tornou-se de domínio público nos últimos anos. O *New York Times* define:

> *"O termo deriva da cena LGBTQ negra e latina, uma subcultura queer na qual os membros são organizados em casas, muitas vezes lideradas por uma "mãe". O uso atual da palavra, no entanto, é exagerado e é usado principalmente como um termo carinhoso para mulheres famosas com devotos ávidos".*

O termo usado em comunidades drag demonstra um sentimento de carinho parental ou fraternal, um título honrado para alguém que ajuda e apoia jovens em sua jornada e crescimento. Embora seja de fato usado por

Taylor Swift criou seus fãs.

Ela nos ensinou a dar a volta por cima em grande estilo, a encontrar **nossas vozes** mesmo quando colocados à prova.

fã-clubes para descrever uma série de mulheres famosas, foi adotado e arraigou-se entre os Swifties em particular. Por quê?

Bem, simplesmente porque Taylor Swift criou seus fãs. Ela nos ensinou a dar a volta por cima em grande estilo, a encontrar nossas vozes mesmo quando colocados à prova. Embora os primeiros anos de Taylor a tenham solidificado como uma sedutora de homens famosos ou uma jovem estrela com potencial aos olhos da mídia, seus próximos movimentos a colocaram no mesmo caminho de algumas das maiores estrelas do mundo. Ao longo do processo, nós, os Swifties, a acompanhamos. Sabíamos que Taylor Alison Swift tinha muito mais do que aparentava ter.

A arte, a visão e a ambição dela a tornam única

E, com a ajuda de seus fãs, isso tudo a levou a tornar-se uma superestrela.

CAPÍTULO 4

THE 1[17]

Como Taylor Swift construiu um império

[17] Referência à música "The 1", do álbum *Folklore*, lançado em 2020; significa "a pessoa certa".

Em 2014 aconteceu uma coisa muito louca: Taylor Swift cortou o cabelo. Eu sei o que você está pensando: por que isso seria uma coisa louca? Na verdade, se você for tão imerso na cultura de fã quanto eu, vai entender. Mas eu me lembro como se fosse ontem: os longos e inocentes cachos de estrela country haviam desaparecido, e no lugar deles veio um lindo penteado ondulado e com franja, cheio de movimento.

Esse corte inspirou multidões de mulheres jovens na casa dos vinte anos a deixar o cabelo igual ao dela. A escritora Holly Bourne me contou que, em 2014, ao chegar a uma festa e encontrar as amigas que não via fazia meses, soube que todas elas tinham ido ao cabeleireiro e pedido um "corte Taylor Swift". O penteado não era apenas um corte de cabelo – era simbólico.

Era uma jogada que demonstrava poder: a eliminação da Taylor Swift do passado e a introdução de Taylor Swift, a estrela pop.

Mas antes disso, *Red*. Vamos voltar ao *Red*, meu álbum mais querido da Taylor Swift. Por enquanto tudo que você precisa saber é que duas músicas desse álbum começaram a mudar a posição de Swift na arena musical e nas paradas. "We Are Never Ever Getting Back Together" foi o primeiro single de *Red*, e a internet foi à loucura com as especulações de que essa música e o megahit "I Knew You Were Trouble" eram sobre o próprio (e queridíssimo) Harry Styles, do 1D. Será que Swift estava confrontando o membro mais querido da boyband mais

quente do momento com suas letras? A resposta, na verdade, era não, nenhuma dessas músicas era sobre Harry, mas o público adorou os rumores. A era *Red* viu Swift se vestindo na temática circense, cercada por trapezistas, mímicos e dançarinos no estilo *Alice no País das Maravilhas* – uma indicação de que ela estava determinada a tomar as rédeas de sua própria imagem, ainda que houvesse um circo sendo armado ao seu redor.

Taylor Swift estava retomando o controle, e a fama teria de seguir os termos dela.

Antes que percebêssemos, Taylor Swift havia se tornado um ídolo pop genuíno, e junto com o famoso corte de cabelo veio "Shake It Off". "Shake It Off" é música pop em sua forma mais pura, uma canção chiclete inesquecível e persistente; é impossível não bater o pé no ritmo quando ela toca. Provou que o maravilhoso ouvido de Swift para música não está apenas em sua habilidade com as letras, mas também em colocar hits viciantes nas paradas. Ela poderia, e iria, voltar sua atenção para a dominação mundial, mas ia fazer isso se divertindo. "Shake It Off" foi uma resposta direta aos *haters*

– é claro, *she goes on too many dates*[18], mas sempre dá a volta por cima. Ela pode ser irritante e insípida, mas por que não ignorar essa parte e dançar junto com ela?

Os superfãs sempre vão argumentar que aquela era a *verdadeira* Taylor, a que ninguém teve a chance de enxergar através de todas aquelas manchetes da mídia sobre seus ex-namorados e críticas ao seu talento musical. A Taylor do *1989* trouxe à tona seu senso de humor, uma leve rebeldia e – o mais importante – seu forte senso de identidade.

Depois veio "Blank Space". Não pretendo fazer um resumo faixa por faixa de todos os grandes sucessos de Taylor, mas, se "Shake It Off" zombou da reputação de Swift junto ao público, "Blank Space" rasgou o livro de regras, lambuzou as manchetes com tinta escarlate e jogou o restante na cara da mídia. Taylor não estava de brincadeira, embora estivesse, *sim*. Ela estava preparando o terreno, mostrando a língua *e* mostrando o dedo do meio para aqueles que a julgaram sem piedade. "Blank Space" diz: "Beleza, se você diz que eu namoro demais, vou te mostrar o que é uma *bunny boiler*[19] de verdade. Vou garantir que essa música fique presa na sua cabeça pelo resto dos seus dias e, ao mesmo tempo, te mostre quem eu sou de verdade". Com o refrão "Garotos só querem amor se for tortura,

[18] Referência à música "Shake It Off", do álbum *1989*, lançado em 2014 e relançado em 2023; significa "ela namora muitos caras".

[19] Mulher que se vinga depois de ser rejeitada. O termo, traduzido literalmente, quer dizer "pessoa que cozinha coelhos"; faz referência ao filme *Atração Fatal* (1987), em que uma mulher rejeitada cozinha o coelho de estimação de seu parceiro.

não diga que eu não avisei", Swift solidificou a mudança de cantora country para estrela pop global e ousada. É importante ressaltar que ela manteve ao seu lado todas as meninas que a acompanhavam desde o início; elas cresciam ao mesmo tempo que Taylor e prestavam atenção no importante aviso:

GAROTOS NÃO PRESTAM,

e as garotas, depois de toda a dor de cabeça, saem como vencedoras.

Encontros Clandestinos: as Sessões Secretas

Com *1989* veio o nascimento das Sessões Secretas. Também introduzidas na era de *1989*, as Sessões Secretas marcaram a conexão mais pessoal de Taylor com os fãs até então.

O que eram essas sessões? E por que são importantes?

O ano de 2014 marca um período em que Taylor não só mudou drasticamente sua produção, mas também se tornou visivelmente disponível na internet. O Tumblr era uma plataforma muito usada por Taylor Swift, que postava atualizações, piadinhas e compartilhava o conteúdo de fãs. Ela comentava as postagens dos fãs e aproveitava ao máximo o poder do botão "curtir", deixando os fãs maravilhados ao receberem a aprovação digital de seu maior ídolo.

É como o TikTok hoje, mas também COMPLETAMENTE DIFERENTE. Sempre há grande empolgação quando Taylor (ou a conta de Taylor, pelo menos) curte ou comenta uma postagem de fã hoje, mas em 2014 o acesso que tínhamos às nossas celebridades era muito mais limitado, já que o X e o Instagram eram meros bebês, um brilho no olhar de seus criadores. O Tumblr era um espaço para fãs. Não era para as celebridades! Parafraseando o filme *Meninas Malvadas*, "*they don't even go here!*"[20]. Mas com Taylor era diferente.

Era como se ela estivesse coletando informações internas, deliciando-se com as teorias e os comentários dos fãs. Taylor estava sempre de olho, e nunca dava para saber quando ela ia aparecer. Estava dedicando tempo e esforço para conhecer seus fãs e dar a eles o que queriam.

As primeiras Sessões Secretas foram realizadas em setembro e outubro de 2014, nos Estados Unidos e no Reino Unido. Swift, auxiliada pela Taylor Nation, fez a curadoria de oitenta e nove fãs – é claro – para comparecerem a cada evento. Os fãs não sabiam exatamente para onde estavam indo, mas sabiam que algo grande estava prestes a acontecer.

E para *onde* eles estavam indo? Para uma das casas de Taylor. Iam ser os primeiros a ouvir o álbum *1989*, e com a própria Taylor Swift. Os videoclipes das Sessões Secretas mostram Taylor se escondendo, ansiosa, no quintal dos fundos

[20] O filme se passa em uma escola, então a fala significa: "eles nem estudam aqui!"; no texto a autora se refere a frequentar um lugar, portanto pode ser entendido como "eles nunca vêm aqui!".

na casa de sua mãe, assando biscoitos em seu próprio forno. É impensável que agora, no nível de fama que ela alcançou, Taylor pudesse simplesmente entrar numa sala em sua própria casa, cheia de fãs, e gritar "HI GUYYYYSSSSS!"[21] do cantinho, depois se sentar e tocar um álbum inteiro – sem provocar o vazamento das músicas, ou pior, seu endereço, liberando acesso aos espaços mais privados de sua vida.

Nos vídeos e fotos das Sessões Secretas, Taylor está dançando com seus fãs, conversando com eles, deixando-os abraçá-la e interagir com seus queridos gatinhos. As Sessões Secretas criaram uma oportunidade incrível, foram um *fan service* como nenhum outro, geraram entusiasmo e hype boca a boca, fizeram propaganda do lançamento do álbum. Aqueles fãs proclamaram *1989* como a melhor coisa que já tinham ouvido, e a própria Taylor como a pessoa mais gentil do mundo, sua amiga, confidente. Ela manteve nossos segredos a salvo enquanto nos recompensava com alguns dos dela, e nós os guardaríamos até que pudéssemos gritar sobre eles a plenos pulmões.

As Sessões Secretas foram desenvolvidas por Taylor e sua equipe na época do marketing "boca a boca", uma maneira poderosa de gerar burburinho e autopromoção. Elas aconteceram na era *Cinquenta Tons de Cinza*, quando o ativo mais desejado era a aprovação do consumidor recorrente. Antes do TikTok e antes do Spotify fazerem parte da vida cotidiana, era difícil conseguir esse tipo de atenção, e era

[21] "Oi, geeeeente!".

cada vez mais difícil as marcas se manifestarem. As Sessões Secretas foram geniais, mostrando desde o início que Taylor não apenas estava dedicada a recompensar seu fã-clube, mas também era uma mulher de negócios inteligente e astuta.

Outro presente para o fã-clube foi o *Swiftmas*. Taylor encerrou 2014 comprando e embrulhando com as próprias mãos alguns presentes para seus maiores fãs, entregando-os a tempo para o Natal. O resultado está no YouTube, um vídeo com mais de vinte milhões de visualizações. Swift aparece usando um moletom descontraído e um gorro de Papai Noel enquanto embrulha os pacotes e acrescenta a eles os cartões de Natal com mensagens atenciosas escritas à mão. Essa filmagem é repleta de vídeos dos fãs chorando, gritando, incapazes de acreditar que seu ídolo se importava *tanto* com eles. Claro, é um momento legal, mas também está lá para todos nós assistirmos, evidenciando que Taylor Swift é a celebridade mais gentil do mundo, caso você não tenha percebido antes.

As Sessões Secretas e o Swiftmas mostram a ética de trabalho imparável de Taylor. Se não estiver dando um show de três horas ou lançando álbuns e regravações consecutivas no meio de uma pandemia, ela vai estar on-line, nos vendo – vendo *você* – e encontrando maneiras de fazer com que essa mensagem se espalhe mais amplamente, garantindo que mais pessoas a vejam, recompensando seus fãs mais leais.

I Can See You[22]: Easter eggs

Falando em lealdade de fãs e mensagens: precisamos falar dos *Easter eggs*.

Os *Easter eggs*, no sentido cultural, existem desde o fim dos anos 1970, quando o diretor de desenvolvimento de software da Atari, Steve Wright, se referiu à diversão de encontrar pequenas mensagens secretas e pistas em videogames como algo semelhante a "uma caça aos ovos de Páscoa".

Taylor tem-nos presenteado com mensagens secretas e pistas desde que consigo me lembrar. Isso se intensificou com a ascensão das mídias sociais, mas Taylor claramente sempre gostou de criar uma sensação de interação com os fãs além das apresentações ao vivo e das reuniões secretas. Não basta nos contar como ela se sente nas músicas, ela quer que interajamos com ela, que notemos as migalhas que ela deixa cair e as sintamos entre os dedos. Se Taylor não consegue entrar em contato conosco pessoalmente, ela pode – e é o que ela faz – falar conosco por outros meios.

[22] Referência à música acrescentada ao álbum *Speak Now* na regravação lançada em 2023, direto do cofre; significa "eu vejo você".

E esses meios são abundantes: letras maiúsculas soletrando frases bônus nas notas e letras do álbum; a cor de suas unhas, o estilo de suas roupas e os penteados específicos que ela usa quando é fotografada na rua, dando dicas sobre a sua próxima Era; *frames* em videoclipes sugerindo datas de lançamento e numerologia complicada, da qual Swift é uma entusiasta confessa. Esses *Easter eggs* se intensificaram nos anos posteriores, quando o fã-clube deixou clara a enorme alegria que isso causava. Eles se tornaram uma parte importante de como Taylor se conecta conosco e intensifica o relacionamento parassocial que compartilhamos.

#TaylorSwiftIsOverParty

Talvez o período mais notório venha a seguir. Depois de grandes esforços para colocar a verdadeira Taylor à frente de sua arte, no novo auge de sua fama houve uma enorme repercussão. O vilão? Isso mesmo, o retorno de Kanye West, com um esquema mais astuto que o anterior.

Depois do lançamento da música de Kanye, "Famous", o público enlouqueceu com uma frase que fazia referência a Taylor ao afirmar que ele havia tornado "aquela vadia" famosa. Taylor respondeu no mesmo instante a essa tirada insultuosa e misógina, e então West (junto com a então esposa Kim Kardashian) divulgou uma conversa com Swift, gravada secretamente, na qual ela parece animada e cheia de entusiasmo, dando sua bênção para o lançamento da música.

Multidões se acumularam como num passe de mágica. É claro que Taylor Swift era uma farsa, uma bruxa falsa em quem não se podia confiar! Nós sabíamos disso o tempo todo! Graças aos famosos tweets de Kim Kardashian em apoio ao

marido, Taylor foi rotulada como cobra. *#TaylorSwiftIsOverParty*[23] foi tendência mundial por dias a fio, e suas redes sociais ficaram repletas de emojis de serpente e comentários ácidos. Quanto mais alto se sobe, pior é a queda.

O que se seguiu foi o desaparecimento de Taylor das redes sociais e dos olhos do público por quase um ano inteiro. Quando ela voltou, veio acompanhada da Era *Reputation* e da prova de que o vídeo de West era falsificado e havia sido tirado de contexto. *Reputation* viu Taylor dar seu primeiro entusiástico "vá se ferrar" para a indústria, para a mídia e para as intensas expectativas do público colocadas sobre ela; apertou o botão de atualização sobre o que significava ser Taylor Swift.

Ela nos conta em "Look What You Made Me Do", o primeiro single de *Reputation*, que ela de fato havia mudado: a velha Taylor estava morta, tinha sido substituída por uma versão nova e raivosa da nossa estrela pop favorita. Embora a derrota

[23] Significa "festa de cancelamento da Taylor Swift".

de ter caído no desgosto do público tenha sido, sem dúvida, devastadora e um teste de caráter para Swift, pareceu retirar outra camada de simpatia e disposição para agradar às pessoas de sua persona. Depois de um ano longe dos olhos do público, com um novo namorado que ficava tímido diante da mídia e com a determinação de voltar com força, surgiu uma mulher mais madura e obstinada.

Taylor Swift tornou-se uma rebelde, e *Reputation* redefiniu sua carreira, impulsionando-a a fazer o que sabia fazer melhor: confiar nos seus instintos, reerguer-se e lutar.

Depois de *#TaylorSwiftIsOverParty*, vimos uma nova Taylor que colocou a fama em segundo lugar, transformou seu desejo de aceitação universal na compreensão de que amizade e lealdade eram mais importantes que festas e popularidade. Foi nessa época que vimos o grupo de meninas formado em torno da Era de *1989* se dissolver e ser substituído pelas poucas amigas muito bem selecionadas que sempre a apoiaram: Blake Lively, as irmãs Haim, Gigi Hadid e Selena Gomez.

A amizade de Selena e Taylor resistiu ao teste do tempo. Ambas cresceram na indústria da música com a mesma idade e na mesma época, passaram pela exposição pública de términos e derrotas. Selena representa tudo o que queremos para

Taylor: compreensão, carinho e amor incondicional. Saber que Taylor tem uma amiga assim e ver as duas celebrando uma à outra nos altos e consolando uma à outra nos baixos nos ajuda a ver Taylor como humana: uma estrela, mas também uma companheira que torce pelo sucesso da amiga. Seguindo o exemplo dela, sempre manteremos nossas amigas por perto; Taylor e Selena nos fazem lembrar que você precisa mais da sua melhor amiga que de namorados. Da mesma maneira, a capacidade de Taylor de conquistar e manter o respeito profissional e a amizade de artistas como Beyoncé demonstra quanto ela valoriza seus relacionamentos. Com Beyoncé em especial, ambas as mulheres muitas vezes se esforçam para demonstrar a admiração e o carinho que têm uma pela outra, às vezes até para deixar claro aos seus fã-clubes que os rumores da mídia sobre supostas rivalidades não são verdadeiros.

Taylor Swift cresceu diante dos nossos olhos, e nós crescemos com ela.

Foi essa Taylor Swift que conquistou um enorme fã-clube cheio de jovens inspirados. A luta dela gerou um exército de defesa: Swifties que seguirão lealmente cada movimento seu. Taylor agora pode viajar do country ao pop e ao indie e depois seguir para qualquer estilo de música que quiser. Seu extenso catálogo deve ser celebrado e aplaudido, pois foi essa flexibilidade musical que a fez se tornar uma das maiores artistas de todos os tempos. Aonde ela for, nós a seguiremos.

UMA ENTREVISTA COM...

Dave Faubert

(Fundador do Swiftogeddon)

Que é Swiftoggedon?

É uma festa com clima de clube noturno onde só se toca Taylor Swift. Uma atrás da outra, todas elas, sem repetir, sem tocar nenhum outro artista. Nós fazemos shows por todo o Reino Unido para que as pessoas venham e celebrem a Taylor Swift.

Quando e como você organizou isso tudo?

Quando comecei, muitos locais simplesmente não conseguiam entender a proposta. Mas eu tinha essa ideia maluca, e o Moth Club de Londres arriscou colocá-la em prática. Achei que, se conseguisse reunir cem pessoas lá, já estaria ótimo. Acabamos então fazendo outro show em Manchester durante o fim de semana do Orgulho, e o evento começou a se expandir. Agora estamos em todo o país, fazendo vinte shows por mês. Recebemos pessoas que nunca frequentaram boates, mas vêm por causa da música de Taylor.

No começo, todos pensaram que era uma ideia estúpida, inclusive eu. Aos meus olhos, tudo o que estou fazendo é agregar valor ao fã-clube de Taylor e à sua música. Estamos animando os fãs e esperamos atrair alguns novos – pessoas que às vezes vêm com seus amigos e acabam descobrindo a artista. Temos todo um cuidado para proporcionar uma grande noite: a mensagem, a música que escolhemos, tudo é muito bem pensado, e o setlist é sempre diferente. Meu trabalho é criar um grande espaço seguro para celebrar a música de Taylor, que fundamentalmente é o cerne da coisa toda. Essa é a rocha sobre a qual um grande fã-clube é construído. Se as músicas não fossem ótimas, ninguém daria a mínima.

Por que os fãs vão ao Swiftogeddon?

Há alguns motivos. Um deles é que os fãs obviamente amam Taylor Swift. Acho que também adoram sair à noite, porque sempre recebemos um grupo adorável de pessoas. É uma atmosfera muito segura e alegre, um espaço seguro para se deixar levar pelo momento: não há julgamento, e trabalhamos duro para deixar todos confortáveis desde o momento em que chegam. Cante junto, pule, divirta-se sem se preocupar com o que os outros pensam: é disso que se trata.

Você é um fã da Taylor Swift? E por quê?

Sim, eu sou. Ela é uma compositora genial, essa é a principal razão pela qual gosto dela. Admiro-a como empresária, e as regravações são um exemplo incrível disso. Como se captura um raio dentro de uma garrafa duas vezes? Mas ela conseguiu. Ela é uma artista no auge absoluto de seus poderes; toma ótimas decisões e trabalha muito, muito mesmo. Não acho que ela alguma vez tenha tomado uma decisão importante errada.

O que vem à sua mente quando você pensa nos fãs da Taylor Swift?

Eles são simplesmente adoráveis e se preocupam muito com ela e sua música. Os que conheço são todos muito genuínos. Taylor faz música para os excluídos, e os Swifties talvez não sejam as pessoas mais confiantes e populares, mas amam a música dela e adoram compartilhá-la com outras pessoas. Há quem venha ao Swiftogeddon sozinho e faz amigos durante a festa. Eles são um grupo muito acolhedor.

CAPÍTULO 5

FEARLESS (TAYLOR'S VERSION)[24]

Como a recuperação de seus masters empoderou um fã-clube

[24] Álbum relançado em 2021.

A Era *Reputation* nos trouxe uma nova Taylor Swift: poderosa, imparável e com um forte senso de retribuição moral. Em 2019 esse poder foi posto à prova publicamente, graças a um novo vilão: Scooter Braun.

Os masters musicais são, em uma breve explicação, as mixagens finais originais de um artista. Eles geralmente são retidos pela gravadora, que consulta o artista sobre conceder ou não os direitos dessas gravações para serem usadas em trilhas sonoras, em anúncios, em gravações ao vivo. Em última análise, dá ao proprietário controle total sobre o uso da música. É comum que eles sejam propriedade de uma gravadora, e parece comum que Taylor Swift, uma adolescente assinando seu primeiro contrato, não questionasse a entrega dos seus direitos aos especialistas.

À medida que Taylor Swift ganhava força como artista, também ganhava voz dentro da indústria musical. Ela começou a defender o que considerava certo, que os artistas recebessem o crédito que lhes era devido. Em 2014, Taylor foi contra o *statu quo* ao remover suas músicas da plataforma de streaming Spotify. No *New York Journal*, ela declarou: "Na minha opinião, música não deveria ser de graça. Creio que no futuro os artistas e suas gravadoras vão decidir qual deve ser o preço de um álbum".

Essa foi a primeira vez que ela se posicionou publicamente contra um grande player da indústria e retirou sua música do Spotify por quatro anos,

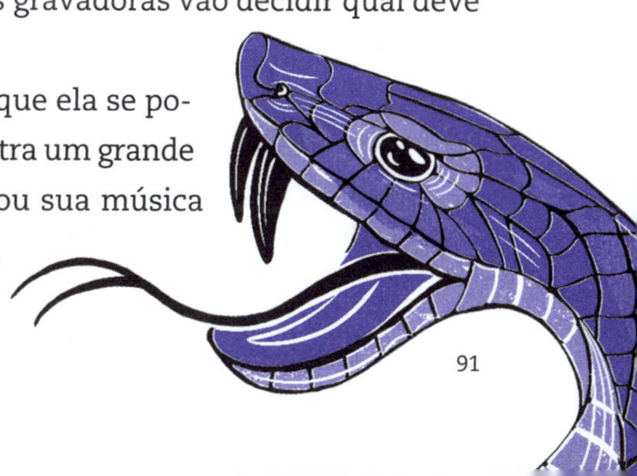

devolvendo-a apenas como uma "recompensa" aos fãs quando as vendas de seu álbum atingiram 100 milhões de cópias.

Em 2015, durante o ciclo de lançamento de *1989*, Taylor Swift escreveu uma carta aberta à Apple. Essa carta é particularmente interessante e nos dá uma visão do caráter e dos princípios de Taylor no que diz respeito ao seu talento artístico. Não é a única carta dela que veremos com esse intuito. O serviço de streaming recém-lançado, Apple Music, tinha uma cláusula segundo a qual os artistas não receberiam royalties durante os testes gratuitos de três meses para novos membros. Taylor se opôs veementemente a isso e recorreu às redes sociais pela primeira vez para exigir uma resposta aos seus receios, com uma carta intitulada:

"Para Apple. Com amor, Taylor":

> Você com certeza sabe que a Apple Music oferece um teste gratuito de três meses [...]. Mas não tenho certeza se você sabe que a Apple Music não paga os compositores, produtores nem artistas durante esses três meses. Para mim é um choque, uma decepção e uma atitude que não condiz com essa empresa historicamente inovadora e generosa.
>
> Não se trata de mim [...]. Trata-se do artista novo ou da banda que acaba de lançar o primeiro single e não receberá pelo seu sucesso.

Essa declaração formulada com tanta força deixou claro que Taylor não estava fazendo isso em seu próprio benefício; estava se colocando como um cavaleiro branco, comprometendo-se a apoiar seus colegas ainda em desenvolvimento na indústria musical. O posicionamento também apresenta sua postura de artista que não tem medo de ir para o lado pessoal ao falar sobre estratégias de negócios injustas:

> Essas não são as reclamações de uma criança mimada e petulante. Esses são os sentimentos ecoados por todos os artistas, compositores e produtores em meus círculos sociais que têm medo de falar publicamente porque admiramos e respeitamos muito a Apple. Nós apenas não respeitamos essa decisão específica.

É fascinante ver o reposicionamento de Taylor nessa carta. Ela não é mais uma estrela country inocente e doce que aceitará ter o que lhe é de direito roubado de suas mãos. Não. Ela é uma mulher de negócios que sabe muito bem – e deixa isso claro – que o público a vê como uma jovem ingênua. Mas ela falará quando algo não lhe agradar.

> Digo à Apple com todo o respeito que não é tarde demais para mudar essa política e mudar a opinião daqueles na indústria musical que serão profunda e gravemente afetados por ela. Não pedimos iPhones de graça a vocês. Por favor, não nos peça para lhe fornecermos nossa música sem remuneração.

Basta dizer que o pronunciamento funcionou. A Apple mudou sua política, e Taylor e sua equipe estabeleceram um relacionamento contínuo com a empresa nas áreas de marketing e publicidade. Nós, os fãs, ganhamos muito com essa experiência, apresentados a uma

Taylor Swift que não falava apenas por nós e pelos nossos sentimentos, mas pelo que era certo.

Em 2018 foi anunciado que, depois de treze anos (é claro), Taylor mudaria de gravadora, da Big Machine para a Republic Records. Do álbum *Lover* em diante, todos os masters de seus álbuns seriam de propriedade dela como parte do novo acordo. Pouco foi dito sobre a Big Machine além da gratidão expressa, mas logo ficou claro que havia um conflito. Em 2019, a Big Machine vendeu as músicas de Taylor como parte de um acordo comercial, e assim começou uma batalha muito maior. Entra em cena Scooter Braun.

Para que Taylor Swift pudesse dizer algo a respeito de como seus seis álbuns anteriores seriam cedidos a terceiros, ou mesmo tocados ao vivo, ou sampleados, ela teria de recorrer a Scooter Braun e à Big Machine. Ela declarou abertamente que não queria sua música – e a decisão de como seria usada – nas mãos de Scooter: um homem que, conforme ela nos contou, a havia intimidado, controlado e menosprezado. Apesar de a havia intimidado, controlado e menosprezado. Apesar de várias tentativas de comprar seus masters, as propostas de Taylor foram todas recusadas.

Scooter Braun e a Big Machine emitiram declarações que diferem da perspectiva de Swift, afirmando que foram oferecidas a Taylor muitas oportunidades de discutir a questão da propriedade, e Braun por fim definiu a ruptura como um "mal-entendido" em uma postagem do Instagram agora excluída.

Então, o que veio depois? Bem, já que Taylor não conseguiu permissão para comprar suas próprias músicas, decidiu regravá-las e tomá-las para si outra vez.

Estar no topo da lista de mais famosos não é fácil, e nunca saberemos o que realmente acontece por trás das portas das gravadoras. Talvez seja seguro presumir que há uma luta constante entre querer manter autoridade sobre sua imagem pública e ao mesmo tempo agradar à sua gravadora. Preocupações como essa não são exclusivas dos famosos. Todos nós já quisemos desafiar o *statu quo* no trabalho ou na escola em algum momento.

Mas no mundo da fama, onde as apostas são altas e o sucesso de sua carreira depende de tantas pessoas, como fazer? Não é novidade ver artistas deixando de cumprir o cronograma, sendo rebeldes ou lutando pelos seus direitos, mas Taylor – uma das artistas mais proeminentes da nossa geração – sem dúvida surpreendeu as pessoas com sua postura de resistência nos negócios, sua determinação para alcançar o que deseja e sente que é certo.

Usando o fã-clube como arma

A recuperação dos masters de Taylor desempenhou papel fundamental no desenvolvimento de seu fã-clube. A versão de Taylor (*Taylor's Version*) é o resultado direto de um passado de muita ingenuidade enquanto ela crescia como musicista e adquiria experiência diante dos olhos do público. Com esse movimento, ela diz claramente a nós, fãs, para

exercermos o poder que há dentro nós, confiarmos nos nossos próprios instintos e estabelecermos nossos próprios padrões, se necessário.

Na verdade, seu fã-clube esteve envolvido na decisão de regravar os masters desde o início. A maioria dos anúncios de Taylor agora é feita por meio de suas plataformas de mídia social, o que significa que nós, os fãs, recebemos notícias dos projetos em primeira mão. O mesmo acontece quanto às regravações, e ver a empolgação de Taylor para relançar os álbuns também nos deixa empolgados. Isso também foi algo que nenhum artista havia feito antes (certamente não nessa geração), e mais uma prova de que Taylor é inovadora, corajosa e tão apaixonada por sua música quanto nós.

Ao longo do caminho, no entanto, havia mais obstáculos a ser superados, e Taylor nos informou a respeito deles também. Em 2019, antes do American Music Awards, ela recorreu ao Tumblr para postar outra carta, dessa vez para seus fãs, intitulada "Não sei mais o que fazer":

> Scott Borchetta disse à minha equipe que eles só me permitirão usar minha música se eu fizer o seguinte: concordar em não regravar versões "copycat" das minhas músicas no próximo ano (algo que estou legalmente autorizada e ansiosa para fazer) e [...] parar de falar sobre ele e Scooter Braun. Tenho uma forte sensação de que partilhar o que está acontecendo comigo pode mudar o nível de percepção de outros artistas. A mensagem que me foi enviada é muito clara. Basicamente: seja uma boa menininha e cale a boca. Ou será punida.
>
> Isso é ERRADO. Nenhum desses homens participou da composição dessas canções. Eles não fizeram nada para criar o relacionamento que tenho com meus fãs. Então é aqui que peço a ajuda de vocês. Por favor, comuniquem a Scott Borchetta e Scooter Braun como se sentem a respeito disso. Scooter também gerencia vários artistas que eu realmente

> acredito que se preocupam com outros artistas e seu trabalho. Por favor, peçam a ajuda deles. Espero que eles talvez consigam colocar algum bom senso na mente desses homens que estão exercendo controle tirânico sobre alguém que só quer tocar a música que escreveu.
>
> [...]
>
> Eu só quero poder tocar MINHA PRÓPRIA música. É isso. Tentei resolver a situação em particular com minha equipe, mas não consegui resolver absolutamente nada.
>
> [...]
>
> Eu amo vocês e achei que deveriam saber o que está acontecendo.

Essa carta repercutiu muito na internet. Pessoas começaram a questionar se o relacionamento de Taylor com seus fãs era tão parassocial quanto o relacionamento deles com ela. Taylor, nessa época, tinha um fã-clube enorme e dedicado, disposto a brigar por ela. Decidir recorrer a eles e pedir que lutassem por sua causa talvez fosse um baita movimento, mas era também arriscado, não? Em uma entrevista da *Billboard* com Scooter Braun publicada em 2022, o magnata da música falou sobre "usar os fãs como arma".

Ele disse: "Os artistas com quem trabalho têm fã-clubes muito grandes. Esse tipo de coisa não se faz... Há pessoas nesses fã-clubes que têm problemas de saúde mental. Há famílias envolvidas, acho isso tudo muito perigoso".

Scooter Braun e Scott Borchetta afirmaram ter recebido ameaças de morte como resultado da batalha pelos masters de Taylor Swift. Em última análise, com um grande fã-clube vêm grandes responsabilidades. Em contrapartida, o que faz os fãs de Taylor Swift a amarem tanto é a vulnerabilidade e a transparência dela, o sentimento de que a entendemos. Essa extensão da sua música ao seu tino para os negócios, à sua postura moral, apenas nos faz sentir mais próximos dela. O poder que isso tem gera ainda mais apoio e permite que ela faça coisas como regravar seus álbuns. Nós a apoiaremos a despeito do que ela decidir fazer.

O diabo trabalha muito... mas Taylor Swift trabalha ainda mais

O primeiro lançamento dos masters de Taylor coincidiu com o *lockdown* da covid-19. Durante o confinamento, Taylor lançou dois álbuns: *Folklore* e *Evermore*, duas obras-primas que lhe deram a credibilidade musical que ela – e grande parte do fã-clube – tanto desejava. Ambos os álbuns foram muito elogiados por jornalistas musicais, pelos que não punham muita fé em Taylor Swift e, é claro, por seus fãs leais. Eles nos apresentaram uma música introspectiva que deu o tom perfeito para as prisões em que todos estivemos durante a pandemia.

Taylor mais uma vez estava com a gente, mesmo quando ninguém mais estava.

Foi essa credibilidade que acrescentou ainda mais peso aos relançamentos e ao futuro domínio de Taylor no mundo da música. Era a última peça que faltava no quebra-cabeça. Ela provou ao mundo que era capaz de escrever não um, mas dois álbuns que colocassem a arte em primeiro lugar – álbuns que não precisariam do barulho e do drama de uma turnê mundial, porque o mundo estava fora de alcance; álbuns que focavam exclusivamente na criatividade, na reflexão e na música. Esses álbuns são inquestionavelmente brilhantes, e então os opositores finalmente se sentaram, relaxaram e choraram em agradecimento junto aos superfãs.

Justamente quando todos pensávamos que Taylor não podia ser mais implacável, *Fearless (Taylor's Version)* foi lançado, em 21 de abril de 2021. O lançamento de *Fearless* foi um teste decisivo. Como um relançamento seria recebido? Será que faria sucesso? Poderia provocar tanta emoção quanto um álbum totalmente novo? Bem, *Fearless* teve uma resposta mais silenciosa que as regravações posteriores, mas desempenhou um papel importante na criação de rituais dos fãs que permaneceram, incluindo uma avaliação forense de pistas e *Easter eggs* durante o pré-lançamento, a postagem *live reacts* das novas versões das músicas e uma homenagem a cada lançamento com looks, vídeos e vibes temáticas.

Se você é um fã que está presente desde os lançamentos originais, teve a oportunidade de ser um guia histórico, orientando os Swifties mais novos sobre os personagens e recursos significativos do álbum enquanto eles formavam suas próprias opiniões e faziam suas próprias conexões emocionais com músicas que mudaram sua vida há uma década.

Há também as músicas *from the vault*[25]. Swift já havia dado indícios de que músicas inéditas haviam sido deixadas para trás no lançamento dos álbuns. Agora que ela tinha a chance de nos oferecer sua própria versão, essas músicas seriam devolvidas ao álbum em forma de *vault tracks*, ou seja, faixas bônus, e assim os fãs recebem novas músicas nas quais podem mergulhar, como um miniálbum dentro de um álbum. Também dão aos jornalistas algo novo para revisar e a oportunidade de fazer novos vídeos sobre *Easter eggs* fresquinhos para deixar os fãs loucos de entusiasmo.

Fearless pode ter sido um grande teste, mas vendeu mais de meio milhão de cópias em 2021. No entanto, foi o relançamento de *Red (Taylor's Version)* em novembro daquele ano que fez o mundo sair de órbita e entrar num frenesi em tons de escarlate codificado por Taylor Swift. *Red*, em sua primeira iteração, é o primeiro lançamento de álbum de Taylor Swift de que me lembro. Foi o álbum que me transformou em uma Swiftie incurável. Lembro-me da

[25] Músicas tiradas do cofre.

primeira vez que o ouvi, no meu laptop de baixa qualidade, em um apartamento alugado no sul de Londres. Coincidiu com o período de maior crescimento em meus vinte e poucos anos. Houve muitos altos e muitos baixos: namorar era uma droga, eu estava sem dinheiro, o trabalho era extremamente difícil. Os desafios emocionais da idade adulta eram mais difíceis do que eu poderia ter imaginado.

Mas eu tinha o *Red*, em toda a sua atmosfera reconfortante e contagiante. Era uma verdadeira festa... de tristeza.

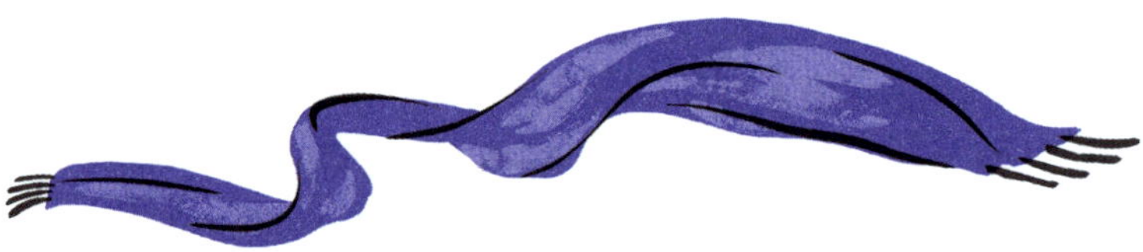

Naquela época não tínhamos TikTok nem tínhamos o X. Não tínhamos DeuxMoi também. Havia muito mistério e muito menos pessoas com quem pudéssemos brincar de detetive. Qualquer análise, reflexão ou suspeita que tivéssemos sobre a vida de Taylor naquela época era mantida em sigilo, apenas entre mim... e Taylor.

Red marcou o início da entrada de Taylor no *mainstream*. É mais ou menos um álbum perfeito. Em pouco tempo ela deixaria de ser meu grande segredo. "We Are Never

Ever Getting Back Together", "22" e "I Knew You Were Trouble" foram grandes sucessos. Mesmo assim, eu me sentava sozinha enquanto podia e degustava *Red* com uma intimidade tranquila e privada, saboreando cada momento e cada palavra.

I remember it All Too Well

A primeira vez que ouvi "All Too Well" foi como ouvir música pela primeira vez. Em "All Too Well", Taylor me contou sobre sua decepção amorosa em tempo real, em forma de poesia, em palavras que me eram familiares, com sentimentos que eu havia sentido repetidas vezes a essa altura da minha jovem vida. Taylor tinha vinte e três anos quando *Red* foi lançado; eu tinha vinte e seis. Ambas estávamos firmemente enraizadas em nossos sentimentos. Taylor sabia como articular minhas mágoas e decepções melhor que eu mesma. "All Too Well" é uma música especial porque conta detalhadamente uma experiência que foi de Taylor, mas parece ter pertencido a você, ouvinte. Sabemos também – quase com certeza, por causa de insinuações e dicas visuais – que a música é sobre o famoso ator Jake Gyllenhaal (embora ele negue que tenha algo a ver com a música em uma entrevista recente para a *Esquire*). A possibilidade de visualizar o suposto destruidor de corações sobre qual fala a música adicionou peso, significado e certo drama à coisa toda.

Então era assim namorar uma celebridade? Como Jake Gyllenhaal ousa pegar o cachecol da Taylor e nunca mais o devolver? Que idiota. Esses foram os pensamentos que tive enquanto ouvia a música, ao mesmo tempo que a relacionava com os caras idiotas que passaram pela minha vida, levaram embora minhas coisas e nunca mais me ligaram.

Voltando a 2021. *Red (Taylor's Version)* era um momento muito esperado na programação de Swift naquele ano, e havia muitos fãs cobiçosos que mal podiam esperar para que o mundo inteiro experimentasse *Red*. Eu tinha muitos amigos, Swifties mais novos, que nunca tinham ouvido o álbum inteiro, e eu prometi a eles que seria grandioso.

O que eu não havia prometido, mas Taylor nos deu, foi uma versão de dez minutos de "All Too Well". Há muito tempo circulava uma lenda urbana Swiftie de que existia uma versão mais longa da música. Ter não apenas a confirmação, mas a promessa de que a ouviríamos era o Santo Graal do fã-clube.

A expectativa dos fãs – que estavam igualmente animados e nervosos para ouvir uma música tão longa – se espalhou pelo *mainstream*. A audácia e a ousadia ao prometer uma versão de dez minutos de uma canção lançada dez anos atrás deixou o público geral curioso. A mídia logo percebeu o hype e jogou Jake Gyllenhaal no meio da sala (ou podemos dizer embaixo do ônibus?) com a gente ao redor. "All Too Well" (10 Minute Version) logo se tornou uma das músicas mais esperadas do ano, apesar de já ter uma década.

Vamos ser técnicos por um momento. Pegar uma música de cinco minutos do seu catálogo cult e dar a ela o dobro da duração, dissecando a música e adicionando novos versos, refrões, pontes e construções musicais totalmente novas é nada menos que genial. Com letras brutais e que mais pareciam um soco no estômago, Taylor nunca foi tão corajosa em seus esforços musicais. Pela primeira vez não ouvimos falar apenas em passeios de carro no outono e uma separação dolorosa; ouvimos mais claramente sobre traumas emocionais: juramentos sagrados que haviam sido quebrados, vergonha e segredo, o corpo faminto de uma jovem com o coração partido.

Essas não são situações para as quais pedimos a atenção e preocupação da sociedade; a profunda ruína que pode afligir os jovens nos primeiros relacionamentos é hoje muitas vezes ignorada, minimizada e até mesmo fetichizada pelos meios de comunicação em geral.

Taylor mais uma vez se torna nossa voz, sem medo de nos dizer como realmente é, qual a verdadeira sensação.

A nova versão de Taylor Swift de "All Too Well" também faz um grande esforço para deixar clara a perturbadora diferença de idade entre Swift e Gyllenhaal quando eles namoraram, e quão profundamente isso a impactou, quão inapropriado foi. O lançamento da música mais longa foi acompanhado de um videoclipe – *All Too Well: The Short Film* – que retrata com clareza a disparidade do relacionamento, protagonizado por

Sadie Sink e Dylan O'Brien (cuja diferença de idade é a mesma do casal sobre o qual foi escrita a música).

Voltando à transformação do fã-clube em arma, dessa vez Taylor Swift não precisou nos escrever uma carta pedindo alguma retribuição. Em vez disso, ela nos escreveu uma canção e deixou as folhas de outono caírem naturalmente. O nome de Jake Gyllenhaal estava por toda parte, as sessões de comentários em suas redes sociais foram invadidas pelo emoji de cachecol vermelho. Taylor havia recuperado algo daquele relacionamento depois de anos, com um exército de soldados leais que lutariam para ajudar a curar suas feridas, protegê-la de seu trauma, na esperança de assim também curar os próprios de alguma maneira. Jake Gyllenhaal não era mais apenas aquele cara de *Donnie Darko*: ele era todos os nossos ex-namorados.

Não cabe a mim estabelecer uma posição moral diante disso tudo. Ao contrário de Scooter, Jake ficou em silêncio, além de negar que ele fosse o protagonista da música. Não podemos saber como ele se sentiu quando tudo aquilo aconteceu – talvez não o tenha afetado de maneira alguma.

Esse foi o máximo que Taylor já cedeu ao próprio hype. Imagine se você pudesse induzir milhões de fãs dedicados a lamentar seu sofrimento, se pudesse obter vantagem por meio de um exército de guerreiros dispostos. A decepção nos muda; o consolo e a simpatia nos alimentam. Taylor Swift tem acesso a isso em uma escala inimaginável.

Red (TV) marcou o início de um aumento de atividade no TikTok. "All Too Well" (10 Minute Version) teve dezenas de *live reacts*. Os superfãs muitas vezes se filmavam ouvindo um novo single pela primeira vez – "Look What You Made Me Do", por exemplo, música que teve grande significado na mudança de Taylor, gerou um influxo de *reacts*. O momento catártico em que Taylor declara enfaticamente que sua versão antiga estava morta fez os fãs perderem o ar, de tanta alegria, ficarem de queixo caído. Foi um momento e tanto.

"ATW" foi assim, mas em uma nova escala. Os fãs se filmaram sentados e cheios de ansiedade na frente de seus smartphones enquanto assimilavam tudo, sorrindo de nervosismo no início, se acabando de chorar no final. Esses *reacts* despretensiosos e espontâneos viralizavam instantaneamente; eram expressões autênticas do sentimento de fã, de emoções humanas, demonstrando quanta coisa Taylor nos fazia sentir e como nos sentíamos vistos por meio da música dela. O trauma dela refletia o nosso, e o mundo pôde ver como a música de Taylor despertava em nós fortes sentimentos e tinha um efeito curativo.

Taylor Swift é excelente em criar esses momentos catárticos em suas composições. Eles se adaptam perfeitamente às mídias sociais, o que dá aos fãs uma oportunidade para expressar e compartilhar seu entusiasmo e paixão. A resposta a "All Too Well", a possibilidade de testemunhar a experiência dos fãs ao ouvir a música pela primeira vez, é característica do momento que vivemos agora, da maneira como experienciamos e consumimos conteúdo. Está se tornando uma marca registrada dos lançamentos de álbuns de Swift.

O trauma dela
refletia o nosso,
e o mundo pôde
ver como a música
de Taylor despertava
em nós fortes
sentimentos e
tinha um efeito
curativo.

Por que ficamos tão emocionados, nos sentimos tão vistos e compreendidos ao ver outros fãs se filmando enquanto ouvem música? É uma prova de como as comunidades de fãs promovem aproximação e validação. A música de Taylor é pessoal e reveladora. Por meio de suas composições ela toca nosso coração e nossa alma, e ver isso acontecer fora da nossa própria mente é belíssimo. Ver pessoas reais expressando seus próprios sentimentos e reagindo de maneiras que podem diferir da nossa é edificante e gera empatia. A música e a forma como nossos colegas se sentem a respeito dela nos ajudam a aprender uns sobre os outros. Os vídeos de "ATW" no TikTok fazem parte disso. Os fãs que se filmam sozinhos ou buscam alento em grupos estão expressando suas emoções, assim como Taylor faz.

Mas nós sofremos por Taylor também. Há vídeos viralizados no TikTok de meninas chorando e tremendo no decorrer da música ao ouvir que ela deixou de comer por causa da tristeza, se sentiu envergonhada e rejeitada, teve negado o amor que todos nós sabemos que ela merece. No fim das contas, os fãs só querem que Taylor encontre a felicidade. Nós a temos acompanhado em sua busca por ela.

As composições de Swift se tornaram, ao longo dos anos, mais honestas e cruas. O fã-clube e o sucesso dela validaram sua direção musical, ajudando-a a ganhar confiança em sua visão e em seu talento. Mas será que isso também é resultado da percepção dela de que é isso o que seus fãs querem e é a isso que reagem? Swift tira algum benefício de ter sua decepção amorosa viralizada?

O lançamento das *Taylor's Versions* deu espaço para experimentação, para tentar compreender como, numa nova escala, quase instantânea e cada vez maior, Taylor pode alcançar os seus fãs e partilhar sua música e sua vida com eles. A natureza viral de *Red (TV)* criou um burburinho em torno dos relançamentos, e isso se tornou a maneira como o fã-clube opera agora. Os *Easter eggs* que dão indícios de qual álbum será regravado em seguida se espalham por aí em cada novo lançamento, nas roupas que Swift usa quando sai – um esmalte azul pode indicar *1989 (TV)*, um vestido de pele de cobra sugere *Reputation (TV)*. E por que isso importa?

O que sabemos é que grande parte dos fãs de Taylor é de jovens mulheres, adolescentes que estão passando pelas primeiras fases da vida adulta, se sentindo vistas pelas letras colocadas diante delas e pela honestidade das experiências que compartilham.

Esses jovens fãs são muito importantes não apenas para Taylor pessoalmente mas para o sucesso dela.

Então por que são rejeitados com tanta frequência pela sociedade e por que o conteúdo que amam é menos valorizado pelo resto do mundo?

CAPÍTULO 6

ONLY THE YOUNG[26]

Por que não damos a mínima para os adolescentes?

[26] Referência à música "Only the Young", lançada em 2020 junto com o documentário *Miss Americana*.

Todos nós já passamos pelas experiências da adolescência.

Alguns de vocês que estão lendo isso talvez já estejam no auge da vida adulta, portanto sabem que a adolescência pode ser uma das etapas mais emocionantes, arrebatadoras e exaustivas da vida de uma pessoa. Cheia de novas experiências, novos sentimentos, rebelião, raiva, romance... ser adolescente é mesmo uma época para guardar na memória. Mas por que parece que tantos adultos se esqueceram disso e consideram essa uma fase que é melhor esquecer?

Taylor Swift ficou famosa com apenas dezesseis anos. Como já dissemos, muitas das suas canções da época (e de agora) expressam e partilham as preocupações de uma jovem garota, porque era isso que ela vivia àquela altura. É até meio óbvio. Também parece bastante óbvio que, embora tenha atraído de cara um público fã de música country, ela começou bem abaixo na classificação do que pode ser considerado música "séria". Mas, na época de sua ascensão à fama, o que mais as pessoas estavam ouvindo? O que estava no topo das paradas e por que ganhava mais destaque na sociedade?

A música na época se dividia de maneira bastante uniforme. Havia R&B dançante combinado a um ritmo pop sexy e animado, como Beyoncé, Rihanna, Black Eyed Peas, Girls Aloud, Pussycat Dolls e Christina Aguilera. Depois houve o surgimento de música indie liderada por homens, como Arctic Monkeys, The Kooks, Snow Patrol e The Killers. Os concorrentes de reality shows musicais estavam criando novos espaços na indústria: artistas como Leona Lewis, Will Young e outros artistas cômicos, como Chico e Jedward, estavam todos entrando nas paradas musicais, colocados lá pelo público adolescente e familiar.

Sabemos que o One Direction conquistou milhares de corações, se não milhões de adolescentes, durante suas doze semanas de apresentações ao vivo no *The X Factor*, e também sabemos que todos os cinco meninos – Harry, Liam, Louis, Niall e Zayn – continuam demonstrando enorme gratidão ao seu fã-clube. Nos últimos anos temos visto jovens conquistarem fãs e se transformarem em megaestrelas, ficando mais famosos do que jamais ousaram sonhar. BTS, uma banda de K-pop formada pelos talentosos Jin, Suga, J-Hope, RM, Jimin, V e Jungkook, é uma espécie de 1D moderno, embora venha de uma parte diferente do mundo. Seu fã-clube, o Army do BTS, sem dúvida ajudou a colocá-los onde estão. Dá para notar pelos comentários frequentes nos fantásticos videoclipes do BTS no YouTube: os fãs se unem para aumentar o número de visualizações em mais um milhão por meio de pura força de vontade. Foi o Army do BTS que fez a banda ser um sucesso fora da Coreia, tornando-a uma das boybands mais famosas do mundo hoje. Também vemos essa mesma paixão nos fã-clubes de outras bandas e artistas idolatrados por adolescentes, como Blackpink, Conan Gray e 5SOS. O sucesso nas paradas não é mais decidido apenas por aqueles que estão sentados atrás de grandes mesas – sejam essas mesas exibidas no horário nobre da ITV ou não.

Então por que tantas vezes descartamos os adolescentes, e a música e a mídia a que eles respondem, quando eles têm nas mãos o poder de criar estrelas?

Sick-lit[27]

Em 2013 o *Daily Mail* escreveu um artigo intitulado:

> *"Livros do gênero 'sick-lit' destinados a crianças: um fenômeno perturbador. Histórias sobre câncer na adolescência, automutilação e suicídio (...)".*

Todos sabemos que o *Daily Mail*, em particular, costuma expor uma visão intencionalmente polêmica de tudo e de qualquer coisa. Vivemos em um mundo onde os cliques são fundamentais, onde dividir a sociedade com questões morais é a maneira como a mídia consegue se manter relevante.

Infelizmente, a noção de *sick-lit* é um forte exemplo – para além do mundo da música e dos artistas, tão brilhante e encantador – de como a vida e as preocupações dos adolescentes não costumam ser levadas a sério pelos meios de comunicação quando avaliam a arte que alcança esse público. De alguma maneira, nós criamos um mundo em que toda uma geração de pessoas simplesmente não pode ter acesso a um tipo de arte que reflete seus sentimentos com precisão, seja felicidade, seja, no caso desses livros, sofrimento. Antes da época do TikTok e

[27] *Sick* significa "doente"; *lit* é uma abreviação de "literatura".

da cobertura das redes sociais, aqueles que avaliavam essas histórias, músicas e ídolos nem sempre eram o público-alvo.

Há uma série de romances inovadores para jovens adultos (gênero young adult, conhecido como YA) citados no artigo do *Daily Mail*, incluindo *A Culpa é das Estrelas*, de John Green, que vendeu mais de vinte e três milhões de exemplares no mundo inteiro. Também está incluída a obra *13 Reasons Why*, de Jay Asher, agora uma série viral da Netflix com um enorme fã--clube composto de adolescentes. *13 Reasons* tem seus problemas, e muito se questiona se o conteúdo é realmente adequado. *A Culpa é das Estrelas* também se tornou um grande filme, como costumam ser as adaptações de ficção para jovens adultos. *Jogos Vorazes*, *Crepúsculo*, *O Verão que Mudou Minha Vida* e muitos outros conteúdos tiveram origem em livros escritos para adolescentes.

O artigo do *Daily Mail*, embora tenha criado um burburinho sobre como proteger os jovens do conteúdo que consomem, falhou em incluir os jovens na discussão e perguntar a eles como se sentiam a respeito. Esse tipo de situação é frequente. Passamos muito tempo conversando sobre as necessidades dos adolescentes, mas nunca os incluímos na conversa.

O fato é que a vida dos adolescentes não é tão diferente assim da vida dos adultos. Vou sempre lutar para que eles tenham acesso a conteúdos que reflitam sua verdadeira experiência, sem condescendência. Isso também se aplica ao poder de Taylor Swift. As pessoas usam músicas, livros, filmes e mídias sociais para entender os aprendizados que colecionam durante a vida. Adolescentes passam por decepções, e é normal que sintam uma tristeza profunda, enfrentem problemas de saúde mental, automutilação, e, sim, alguns deles fazem sexo, com ou sem consentimento. Eles vivenciam problemas de saúde e desafios de identidade e lidam com muitos novos sentimentos existenciais, desde o significado da vida até o medo da morte.

Embora seja importante contar essas histórias, é importante também que elas sejam contadas de maneira adequada e responsável. Estamos no extremo do espectro de conteúdo para adolescentes quando falamos de conteúdos como *sick-lit* – bem como dos programas de televisão e filmes inspirados no gênero – e devemos saber que essas histórias foram verificadas quanto à sensibilidade, passaram pela consultoria de organizações especializadas e de jovens também.

Vampire[28]

Em um mundo onde as mulheres são tantas vezes colocadas umas contra as outras, as comparações entre Taylor Swift e suas colegas musicistas são infinitas.

Olivia Rodrigo recebeu semelhante aclamação por seu estilo musical quando lançou pela primeira vez sua verdadeira música, espirituosa e perspicaz, com apenas dezessete anos de idade. Tendo começado na Disney, Olivia Rodrigo é uma celebridade *fanmade* que viralizou no TikTok e no

[28] Referência à música "Vampire", de Olivia Rodrigo, lançada em 2023 no álbum *Guts*.

Instagram antes de lançar o tão aguardado sucesso "Drivers License". Taylor Swift foi citada como uma grande inspiração para Olivia, e a princípio essa associação foi vista como positiva e empolgante. Taylor e Olivia foram fotografadas juntas, e Olivia creditou formalmente Taylor como inspiração para a música "Déjà Vu". Esse crédito alimentou rumores, provocando a discussão de que talvez houvesse uma tensão entre as duas. Pessoas que estão "por dentro" da situação afirmam que Rodrigo foi humilhada por Swift e afirmam até que várias músicas do segundo álbum de Rodrigo são sobre Taylor, incluindo "Vampire", que fala sobre duplicidade e traição com bastante intensidade.

Mulheres famosas, especialmente mulheres jovens, muitas vezes são acusadas de estar envolvidas em briguinhas de menina, mesquinharias e rivalidades. Isso é quase sempre fabricado pelos meios de comunicação social e não tem contribuição alguma das partes envolvidas. É uma situação que assombra os jovens que estão sendo observados pelo público.

A música de Taylor Swift no começo de sua carreira foi consistentemente reduzida a um empreendimento menos maduro ou menos sério que outros. Se existe "música para jovens" e se Taylor Swift é – ou pelo menos foi – definida como uma garota emotiva, uma ex-namorada vingativa que apenas se preocupava com seus problemas de jovem, então... por que isso é um problema? Como é possível que tantos de nós tenhamos experimentado todos os sentimentos que Swift expressa com clareza em suas músicas e isso, ainda assim, não importar para a sociedade?

Antes de ela transcender à posição que tem hoje, muitos termos pejorativos – geralmente dirigidos a mulheres – foram empregados para se referir a Taylor. "Ex-namorada" era comum e usado para zombar dela ou para abalar sua credibilidade. Mas todos nós já tivemos o coração partido, não? Todos nós já tivemos de lidar com o fato de sermos ex-algo para alguém, não?

"Mesquinha" também. Carregados de implicações, os termos "mesquinha" e "vingativa" são sempre aplicados quando o assunto é a música de Taylor. Músicas clássicas do catálogo, como "Mean" e "Better Than Revenge", agora estão encontrando nova vida com os relançamentos dos álbuns de Swift, mas basta uma simples pesquisa no Google para encontrar artigos com *click-baits* no título elencando "top cinco" momentos mesquinhos de Taylor ou falando de como os colegas de ensino médio dela a consideravam amarga e desagradável.

Então volto a perguntar: *todos* nós já nos sentimos vingativos, não é? E já fizemos comentários mesquinhos ou pensamos em diferentes maneiras de acabar com a vida de pessoas que nos prejudicaram, não é? O fato de Taylor escrever músicas sobre isso, e de haver jovens reagindo a elas de todo o coração e alma e com intensidade, nos diz que há um lugar para essas músicas em nosso mundo. O fato de a sociedade daquela época as ter rejeitado mostra como a misoginia continua desrespeitando e desvalorizando a experiência das mulheres jovens.

Vamos observar "Better Than Revenge" – uma música que não veio de muito longe de onde saiu o elogiado hit "Misery Business", dos colegas e amigos de Swift, a banda Paramore. "Better Than Revenge" é uma das canções mais mesquinhas e vingativas de Taylor. Ela tinha dezenove anos quando a

escreveu, então... faz sentido. Conta a história de um ex-namorado e sua nova namorada nojenta, uma derrota total por parte de Taylor, que declara que essa garota "não é uma santa, não é o que você pensa, ela é uma atriz" e solta a agora famosa frase "ela é mais conhecida pelas coisas que faz no colchão". A regravação dessa música em 2023 ofereceu a Swift a oportunidade de mudar aquela letra polêmica, e de fato ela o fez. Gosto de pensar na Taylor *BTR* como uma garota irreverente, uma espécie de "Taylor pré-feminismo" – uma mulher mais jovem, mais preocupada e consumida por seus próprios sentimentos do que em ser responsável e aderir ao código feminino. Ela estava aprendendo, assim como seu público jovem também estava.

Compreendo por que é importante que artistas como Taylor Swift usem as plataformas de maneira responsável, mas também acho que existe certa perda no processo. Nós não tivemos todos esses pensamentos em algum ponto da vida? Não faz parte do início da vida adulta ficar bravo, sentir ciúme e fazer um pouco de birra? Faz diferença se esse comportamento estiver exposto ao público e puder ser observado por outras pessoas?

Isso nos leva a investigar o motivo pelo qual precisamos que nossas celebridades estejam atentas às suas palavras e decisões. Taylor Swift, como uma mulher jovem e menos famosa em meados dos anos 2000, tinha a liberdade de nos induzir a mandar a nova namorada de seu ex-namorado se ferrar (o que nós todos fizemos com grande alegria, tendo em mente nossas próprias versões da "namorada do *meu* ex-namorado"). Taylor sempre teve muito carinho pela época da adolescência, claramente um momento crucial em sua vida e algo que ela continua a explorar por meio de sua escrita até hoje.

O primeiro álbum pandêmico de Taylor, *Folklore*, é uma mistura de fantasia e realidade. Uma das partes mais cobiçadas do *Folklore* é o triângulo do ensino médio que, conforme a explicação de Taylor, envolve um elenco de personagens chamados Betty, Augustine e James. "August", "cardigan" e "betty" contam a história de um triângulo amoroso do ponto de vista de cada personagem. São três canções lindas, mesmo fora de toda a trama fictícia complicada, mas saber que ela existe incentiva o ouvinte a se aprofundar, e a estrutura musical convida à nostalgia, é uma caixa de memórias a ser aberta, um retorno à vida adolescente.

Essa trilogia garante que a "outra mulher" também tenha voz, reescrevendo quaisquer erros feministas de "Better Than Revenge" ao compreender que o amor pode acontecer a qualquer uma das pontas de um triângulo e que cada uma delas merece uma voz para mostrar que casos ocultos nem sempre são "preto no branco".

Aliás, "august" e "betty" são prova de quanto Taylor presta atenção aos detalhes quando está compondo e contando histórias dentro das músicas. Na contagem de 2:45 de "august", ouvimos Augustine falar sobre quando encostava o carro para buscar James e cancelava seus planos para estar com o garoto que amava. Ao mesmo tempo, também aos 2:45 de "betty", James conta a Betty sobre o convite de Augustine para dar um passeio de carro com ela enquanto jura nunca realmente ter esquecido Betty.

Essas duas lembranças totalmente diferentes de um caso são unidas no mesmo momento por um fato comum: James realmente entrou no carro de Augustine. Mostra dois lados da mesma história. Taylor Swift não precisa fazer isso quando escreve música, mas ela nos dá profundidade, história e validade ao contar o que os jovens sentem e pensam.

Todos nós aprendemos essas lições ao longo de nossa vida. O que torna Taylor única e, portanto, o relacionamento dos fãs com ela também, é que estamos aprendendo juntos. A discografia de Taylor Swift é um diário de sua vida: eventos que aconteceram e como ela se sentiu em relação a eles. Ela ajuda seus fãs, que tantas vezes buscam por orientação, a vivenciar e compreender esse crescimento em um nível mais profundo por intermédio da música, ela fala conosco de uma forma que as pessoas ao nosso redor não conseguem.

O mesmo pode ser dito da cultura de fã e do motivo pelo qual muitas vezes são os jovens que ocupam esses espaços. A época em que estamos desenvolvendo nossas opiniões e ideologias pode nos deixar um tanto isolados.

A cultura de fã engloba as coisas que mais nos interessam e, quando nos inserimos nela, é como se estivéssemos sendo vistos pela primeira vez.

Esse ambiente também é capaz de calar o barulho da realidade. Há muita coisa acontecendo com os jovens enquanto eles vivem os anos mais formativos da vida. O sistema de educação foi concebido de modo que os temas mais densos são ensinados no auge da adolescência, na mesma época em que os nossos grupos de amizade são desafiados e divididos por explosões emocionais, sentimentos confusos e competição. Nós nos apaixonamos e temos a oportunidade de entender nossa sexualidade – e a dos outros – pela primeira vez. Às vezes nosso núcleo familiar desmorona e, ao mesmo tempo, começamos a enxergar as partes mais brutais do mundo em que vivemos. Os jovens de hoje, mais que nunca, enfrentam um mundo assustador: mudanças climáticas, guerra na Ucrânia, ataques racistas e discursos de ódio on-line, movimentos antitrans em vigor, policiais assassinando mulheres que deveriam poder confiar neles. Tudo embrulhado com uma pandemia global de três anos e alguns dos líderes políticos mais perturbadores e polêmicos liderando a coisa toda.

Alguém se importa com o que isso causa aos nossos adolescentes? E quando se trata de jovens mulheres, alguém as protege?

E o que acontece quando que esses fãs crescem e se tornam formadores de opinião, pessoas que ditam tendências para o futuro? Não há dúvida de que na camada mais jovem da sociedade estamos nos tornando mais abertos, mais vulneráveis e mais dispostos a expor nossa opinião. As preocupações quanto ao futuro são mais ouvidas agora. A próxima geração de jovens é rotulada como Alfa – devido à sua voz ativa e às opiniões claras que eles têm a respeito das mudanças a serem feitas no mundo. Já falamos sobre o fato de os jovens hoje terem orgulho de se autodenominar fãs, de se rotular como Swifties, Directioners, Potterheads e Whovians. Talvez não seja apenas porque essas comunidades nos ajudam a nos sentirmos vistos, mas também porque

nós, como fãs, estamos sendo levados a sério pelos criadores – e esses criadores estão nos ajudando a encontrar a direção e decidir o que é *cool*.

E quanto a Taylor Swift? Taylor escolheu a nós, os jovens e o sentimento. Ela escolheu nos dar voz e, acima de tudo, decidiu ser alguém em quem podemos nos inspirar. Em troca, nós a tornamos estratosfericamente famosa. Nós a apoiamos e dissemos a quem quisesse ouvir que ela era, de fato, *The 1*, e então a transformamos em um ídolo.

CAPÍTULO 7

ALL TOO WELL

O que são relações parassociais?

relações parassociais (*substantivo*):

Relacionamento que uma pessoa imagina ter com alguém que, na verdade, não conhece. Geralmente faz a pessoa sentir que tem uma conexão próxima e íntima com alguém que nunca conheceu por segui-la de perto por meio da mídia. Embora as relações parassociais sejam consideradas comuns na maioria dos casos, podem ser consideradas prejudiciais quando se tornam extremas o suficiente para interferir nas relações da vida real ou na vida cotidiana.

(dictionary.com)

Muito se ouve falar em relações parassociais hoje em dia. É um termo que circula há muito tempo nos estudos sobre celebridades e fãs, mas que vem sendo usado com muito mais frequência agora como uma ferramenta para compreender as maneiras cada vez mais intensificadas como tratamos as celebridades, as histórias e os relacionamentos aparentemente unilaterais. As pessoas são fascinadas pela relação parassocial – definida como uma relação imaginada que uma pessoa tem com outra, geralmente uma estrela. Essa relação costuma ser construída pela proximidade através das redes sociais, especialmente com a ascensão da cultura de influenciadores.

Não estamos apenas falando de relações parassociais. Estamos VIVENDO essas relações.

E a maioria de nós nem percebe isso! Todos queremos ser amigos das pessoas que acompanhamos on-line, principalmente daquelas cuja vida é parecida com a nossa, e isso atrapalha nosso julgamento quando se trata de reconhecer as pessoas de quem nos sentimos próximos, de mensurar quão próximos nos sentimos de pessoas famosas.

Agora, não estou aqui para lhe dizer que ter um relacionamento íntimo e próximo com sua estrela favorita não é saudável, que é estranho ou preocupante. Nós com certeza vamos explorar como e quando as relações parassociais podem ir longe demais, mas o mais importante é: se estivermos nutrindo sentimentos que vão além da admiração por alguém que não conhecemos, é bom que entendamos um pouco melhor o que nos faz sentir isso e as maneiras pelas quais ainda podemos enxergar essa pessoa ou celebridade em termos realistas.

Hoje em dia a palavra "obcecado" é usada casualmente, sempre acompanhada de muito entusiasmo e de um sorriso. Somos todos obcecados pelas últimas tendências: obcecados por um estilo, obcecados pelo novo balm labial da nossa marca de beleza favorita. Estar obcecado por algo não é mais alarmante como antes; agora é *cool* gostar das coisas. Será que estamos entrando no jogo das marcas que querem que gastemos muito dinheiro? Será que estamos esquecendo que parte do trabalho das celebridades é lucrar com nosso amor por elas?

Parece que não nos importamos com isso. Esperamos certo jogo político das nossas celebridades. Na verdade, somos mais influenciados por elas do que nunca. Voltaremos a isso mais tarde.

Então estamos obcecados por nossos amigos famosos. Mas será que a mídia agora está obcecada por nós?

Os veículos de comunicação têm falado mais sobre a cultura de fã do que nunca. Existem mais veículos de cultura pop do que jamais vi, agora se identificando como jornalismo on-line na forma de perfis em redes sociais, podcasts e muito mais. Artigos na *Dazed*, *Refinery29*, *BuzzFeed* e GQ analisam a cultura de fã, tentam descobrir o que motiva os fãs e o que está por trás do comportamento deles. As avaliações de alto nível desses veículos ameaçam trazer de volta as gerações Elvis e Beatles – quando víamos os fãs apenas como gente obsessiva, barulhenta e irracional. Entretanto, não há muito interesse em se aprofundar nas nuances da cultura de fã, e talvez seja porque as pessoas que escrevem sobre ela não a viveram. Até o momento em que este texto foi escrito, *Refinery29* tinha um segmento chamado *"fandemonium"* – ótimo trocadilho, embora remeta ao conceito ultrapassado de que fãs são, em primeira instância, histéricos e só depois influenciadores da cultura pop.

Mas as pessoas ficam curiosas. A enorme onda de discussão sobre a cultura de fã e as relações parassociais indica isso, assim como o crescimento maciço da própria cultura em si. Ser fã está se tornando algo, ouso dizer, *cool*. O público geral tem buscado inspiração nos costumes e nas fantasias dos fãs.

Taylor Swift deixou de ser a confidente nichada de alguns e passou a ser a estrela extraordinária de muitos.

Como isso afeta nosso relacionamento com Taylor? É uma espécie de validação. Cria uma conexão que parte de nós até ela, não apenas dela até nós. Estamos devolvendo algo a ela, e ela está se beneficiando de nós. Nós fizemos isso! Outras pessoas estão percebendo.

Saibam que enquanto eu, superfã de ser fã, escrevo para vocês, fãs, também faço parte disso. Não estou interessada em um mundo onde julgamos os fãs como inferiores, especialmente enquanto nossa influência aumenta. Somos incríveis e estamos mudando o mundo – ao apoiar nossos ídolos, é claro, mas também ao desenvolver ativamente nossa mentalidade para compartilhar o lado mais suave, mais gentil, mais atencioso e acessível dos artistas que fazem do nosso mundo um lugar melhor. Muitos fãs diriam com orgulho que conhecem mais a Taylor Swift do que os próprios familiares. É comum pegarmos o jeito da coisa, nos aprofundarmos no nosso trabalho de fãs detetives e passarmos a enxergar nossos ídolos como pessoas que conhecemos profundamente. Pode ser muito divertido, e sabemos que Taylor nos convida a fazer isso.

Mas...

Ser fã não seria a mesma coisa sem a parte desafiadora, sem entender que às vezes nossa admiração vai longe demais, e então a linha entre fã, amigo e inimigo pode ficar borrada; é quando a situação se torna um tanto confusa. Muito se fala de relações parassociais porque elas existem e porque estão virando moda, mas também porque pode ser difícil compreendê-las, tanto para a sociedade como para nós.

Em última análise, as relações parassociais existem ao redor de um desequilíbrio de poder entre duas pessoas. Quando começamos a sentir que o relacionamento com nosso ídolo ultrapassou o nível de celebridade-fã, as coisas ficam complicadas. Seja um criador de conteúdo do TikTok carregando o peso de repassar notícias para um fã-clube barulhento, seja

“Muito se fala de relações parassociais porque elas existem e porque estão virando **MODA,** mas também porque pode ser **difícil compreendê-las,** tanto para a sociedade como para nós.”

uma sósia de Taylor Swift que levou as coisas longe demais, ou um de nós quando nos convencemos de que somos amigos da nossa celebridade favorita, o mundo das interações parassociais é mais amplo e maior que nunca.

Tudo isso tem auxílio do enorme fluxo de notícias que temos agora a respeito da vida das celebridades. De um relacionamento parassocial para o mundo dos fóruns de fofocas, *blind items* e fotos de paparazzi é um pulo, e tudo isso intensifica nossa fixação por saber o máximo que pudermos sobre as estrelas. Estar em contato com esse conteúdo faz nosso relacionamento com elas parecer mais próximo e nos dá a impressão de que as entendemos.

Podemos saber onde um dos Jonas Brothers (por exemplo) está almoçando hoje apenas abrindo o app e verificando seus stories, ou checando a página do DeuxMoi, ou o Reddit. Podemos até ir almoçar no mesmo lugar no dia seguinte, só para sentir o gostinho da comida que ele comeu e estar no mesmo ambiente em que ele esteve. É uma busca constante por maneiras de nos relacionarmos com nossas estrelas, por elementos que nos conectem a elas.

Quando esse comportamento começa a invadir a privacidade das celebridades? Alguns fãs podem traçar um caminho mais sombrio: a investigação on-line pode se transformar em trolagem; debates com outros fãs se transformam em cultura de bullying. Alguns de nós ficam tão chateados com a decisão de uma celebridade que tentam repreendê-la por meio de campanhas nas redes sociais. Em casos mais raros, as pessoas perdem tanto o controle e a noção do que é ser fã que chegam ao extremo de perseguir fisicamente e assediar celebridades. É tênue a linha que divide isso tudo, e é importante saber que as atitudes extremas que veremos nesta seção do livro muitas vezes começam com as melhores intenções.

O que é obsessão? A *verdadeira* obsessão? Por que sentimos isso? Alguns de nós estão mais inclinados a tentar se conectar com artistas e celebridades que outros?

A trajetória de Taylor é única, e a quantidade de fãs altamente conectados que ela tem é um grande fenômeno: o fã-clube dela cresce a cada dia, à medida que o hype se espalha pelo mundo. Mas é claro que ela não é a única a ter um fã-clube ávido por compartilhar sua genialidade com o mundo inteiro. Harry Styles é outra estrela muito famosa por ter um fã-clube investido e obstinado, e não podemos deixar de mencionar o Beyhive, os Little Monsters da Gaga e o Army do BTS, todas comunidades que fariam quase qualquer coisa para contribuir com a fama de seus ídolos.

A cultura de fã se intensifica à medida que aumenta nosso acesso aos nossos ídolos on-line. Ser capaz de ver todos os ângulos de cada momento de cada show no TikTok está nos dando vida ou nos enchendo de transtornos mentais e alimentando conexões unilaterais instáveis?

Estamos colocando as estrelas em perigo? Elas estão nos colocando em perigo? Ou estão nos tornando pessoas melhores e mais gentis? Será que estamos em contato tão próximo com nossos próprios sentimentos, alimentando essa conexão que temos com as celebridades, que estamos perdendo a noção da realidade? Por que alguns de nós estamos mais sujeitos à fantasia e ao escapismo? Por que alguns de nós estão absolutamente convencidos de que o que sentimos é real? E, no final das contas, estamos fazendo algo *errado*? E, se estamos... por que parece tão certo?!

CAPÍTULO 8

I BET YOU THINK ABOUT ME[29]

Stalkers

[29] Referência à música "I Bet You Think About Me", do álbum *Red (Taylor's Version)*, lançado em 2021. A música faz parte das canções resgatadas *from the vault* (do cofre); significa "aposto que você pensa em mim".

Desde quando existem celebridades, existem fãs que vão longe demais. Todos nós já ouvimos falar de *stalkers*. Todos nós já vimos episódios de dramas adolescentes nos Estados Unidos envolvendo ex-namorados perigosos ou inimigos que vão longe demais ao fazer uma brincadeira vingativa de perseguição. A internet está cheia de trechos famosos de *Atração Fatal* (que deu origem ao termo *bunny boiler*) e de *O Guarda-Costas*. Ouvimos histórias assustadoras sobre *stalkers* de celebridades que são transmitidas como lendas urbanas de comunidade em comunidade, de geração em geração. Os *stalkers* ficam observando do lado de fora do reluzente mundo das estrelas, imersos em um estado de intensa obsessão que é difícil de entender e de imaginar.

Como definir um *stalker*? Quem são as pessoas que perseguem celebridades? Por que fazem isso? Quando falamos sobre perseguição, podemos falar sobre trolagem ao mesmo tempo? Em um mundo onde tudo acontece on-line, a perseguição também pode existir nesse âmbito?

O brilhante livro de Mark Duffett *Understanding Fandom* fala sobre a "ladeira escorregadia" que é ser um fã. É rápido e natural que os sentimentos passem da apreciação à admiração e finalmente à obsessão. Como fãs, ansiamos por fortes emoções e conexões, em especial dos nossos ídolos, e às vezes fica confuso entender que há uma diferença entre uma conexão boa e uma ruim:

> *"Como o processo de se tornar um fã costuma envolver uma sobrecarga de emoções devido à descoberta de uma poderosa convicção, o sentimento pode parecer agradavelmente perturbador".*

Todos nós sabemos o que é sentir um desconforto ligeiramente agradável. É aquela sensação que temos antes de um primeiro encontro, ou quando estamos prestes a fazer algo meio perigoso ou perverso, como furtar uma loja (por favor, não furte). É a animação que sentimos ao enviar uma mensagem para um famoso no Instagram e depois ficar com aquela pulga atrás da orelha questionando se algum dia a mensagem será lida. Dá para imaginar como o fator perigo pode começar a ir além do aceitável.

Duffett continua:

> *"Os fãs ficam fascinados por mundos de significados que são desenvolvidos por outras pessoas. Muitos nutrem conexões emocionais com indivíduos famosos".*

E, por fim, citando STARLUST, de Fred Vermoral:

> *"Ser fã de algo pode ser um tipo muito assustador de possessão".*

É nessa possessão que vamos focar agora. Pense um pouco: você já ultrapassou o limite como fã em algum momento por achar que isso poderia aumentar suas chances de contato ou aproximação com seu ídolo? Acho que, se formos honestos, todos nós temos uma história assim para contar. Se esse desejo pode possuir todos nós, então não é difícil imaginar como algumas pessoas perdem a capacidade de moderá-lo.

Ser fã muitas vezes parece uma emoção em si, não uma escolha ativa ou deliberada.

É existindo em comunidade junto com outros fãs que nos expressamos e compartilhamos nossos sentimentos, mas viver essa admiração pelo nosso ídolo no nosso próprio mundo é algo mais privado, mais intenso.

Síndrome do Culto à Celebridade

Síndrome do Culto à Celebridade é uma expressão que circula on-line e no ramo da psicologia desde 2012. É uma maneira de entender o que acontece com pessoas que têm conexões profundas com celebridades. A Escala de Culto à Celebridade foi introduzida por três psicólogos, McCutcheon, Lange e Houran, em 2002. Essa escala foi projetada para ajudar as pessoas a compreender os níveis de culto e apego a celebridades em três níveis ou estágios diferentes.

A Síndrome do Culto à Celebridade sugere que existe uma maneira mais oficial de definir nosso amor por pessoas famosas e nos oferece uma escala de culto para expandir essa definição:

- ***stalkers*** (de pessoas que você conhece ou de celebridades), aqueles que não têm limites claros estabelecidos e ativamente perseguem as pessoas
- **sentimentos específicos e incontroláveis** de estar apaixonado por uma celebridade ou por uma pessoa que você nunca conheceu
- noções **não românticas**, mas igualmente intensas, de uma forte conexão pessoal com uma celebridade
- a habilidade **mais socialmente aceitável** – e talvez propositada – que as celebridades têm e usam ativamente para encantar e capturar o interesse dos fãs ou daqueles que estão ao alcance da visão ou da audição, com o objetivo de aumentar seu fã-clube e sua fama.

A Síndrome do Culto à Celebridade é uma coisa real? Ela ajuda você a definir o que sente? Ou são apenas psicólogos pop aderindo ao movimento?

FluentlyForward é um podcast de fofocas sobre celebridades que cobre todos os elementos da fama e da cultura de fã, com uma inclinação reflexiva e intelectual. A dissecação de várias áreas de celebridades é digna de nota, e eu adoro o episódio sobre *stalkers* em que Shannon, a apresentadora, e sua convidada, Christy, do podcast *XKnowsAll*, analisam juntas várias histórias de perseguição de celebridades.

Em um episódio, Shannon e Christy afirmam que a perseguição de celebridades se tornou mais acessível nos últimos anos – é claro que esse tipo de comportamento é anterior às redes sociais e ao acesso on-line, mas estamos tão envolvidos na vida das celebridades agora que talvez se tenha tornado “mais fácil” ser um *stalker*. Não precisamos esperar para saber onde as celebridades estão ou estiveram, pois se elas mesmas não estão compartilhando seu paradeiro, então sendo localizadas ou investigadas por fãs que compartilham essas informações na internet.

Temos mais acesso que nunca à vida privada das celebridades, e isso pode nos fazer sentir que estamos sendo convidados quando não estamos.

O contraste hoje entre o que é legitimamente aceitável e o que é perseguição mostra quão confuso pode ser traçar um limite. Por exemplo, é ilegal descobrir o endereço da sua celebridade favorita e aparecer na casa dela para demonstrar sua admiração ou com a intenção de envolvê-la em uma conversa. No entanto, as celebridades recorrem a meios de comunicação como a *Architectural Digest* e a *Vogue* para nos oferecer visitas em vídeo às suas casas, com o objetivo de se fazerem mais acessíveis.

Shannon e Christy fazem ótimas observações sobre os motivos que levam fãs a adotar um comportamento típico de rito de passagem adolescente – como, por exemplo, perseguir sua primeira paixonite – e adaptar as mesmas estratégias para descobrir mais sobre suas celebridades favoritas. Afinal, há momentos em nossa vida em que a investigação (ou perseguição) na internet é muito útil, e é comum consumirmos grandes quantidades de informações sobre as pessoas que conhecemos, mesmo aquelas que mantemos a distância, apenas passando algumas horas on-line.

As celebridades são obrigadas a lidar com *stalkers* com frequência. Há muitas histórias assim, desde o *stalker* que queria cortar as partes íntimas de Justin Bieber para guardar consigo até a estrela do *The Voice* Christina Grimmie, que foi assassinada de maneira devastadora por um *stalker* durante um show ao vivo em 2016.

As celebridades nunca são responsáveis pelas ações de seus *stalkers*. Também existem várias histórias chocantes de pessoas que perseguiram Taylor Swift: uma que invadiu seu apartamento enquanto ela estava fora e dormiu em sua cama; um homem delirante que, convencido de que os dois estavam apaixonados, dirigiu centenas de quilômetros para deixar cartas de amor em sua porta e tentou arrombar a casa da estrela em Rhode Island para se aproximar dela.

Recentemente fomos inundados por conteúdo de fãs em Nova York tentando encontrar maneiras de ver e conhecer

Taylor, mesmo que apenas por um momento. Em qual profundidade é real o que sentimos saber a respeito de Taylor por meio de suas composições e de sua *persona*? Como os fãs podem discernir entre o aceitável e o estranho ou saber quando estão indo longe demais apenas por visualizações e fama on-line?

Alguns vídeos viralizaram nas redes sociais mostrando superfãs esperando por horas do lado de fora do *Electric Lady Studios* para ter um vislumbre de Taylor entrando no estúdio. Muitas visitas ao *Electric Lady* foram registradas por paparazzi, ao que parece em trabalho conjunto com a equipe dela – quando isso acontece, ficamos sabendo onde ela está, e então, como os fãs que estão desesperadamente ansiosos para vê-la poderiam evitar fazer um pequeno esforço para encontrá-la?

Swift comentou sobre os danos que a superexposição e a intensidade dos fãs causaram a ela. No documentário *Miss Americana*, ela sai de casa com a equipe de filmagem e se depara com um mar de paparazzi e fãs esperando do lado de fora. Uma vez em segurança no carro, Taylor diz à câmera: "Bem, então... esse é o meu quintal da frente. E estou ciente do fato de que isso não é normal".

Quando um fã seguiu (e filmou) Taylor desde o estúdio até sua casa, outros membros do fã-clube ficaram indignados. Há imagens dela assustada e desconfortável no carro enquanto é filmada e escoltada pelo fã até sua própria garagem, em sua própria casa. O casamento do músico, produtor musical e amigo próximo de Taylor Jack Antonoff revelou outra cena de histeria: centenas de fãs esperando do lado de fora do local para ter um vislumbre de Swift, tanto no jantar de ensaio quanto no próprio casamento. Onde estabelecemos o limite? Quando decidimos que o direito de uma celebridade à privacidade é menos importante que o nosso desejo de estar em sua órbita?

É claro que os fãs se acumularam na internet para denunciar e reprovar esse comportamento, dizendo que Taylor odiaria isso e que as pessoas que se comportam dessa maneira simplesmente não são fãs; são "falsos" fãs que estão tentando conseguir influência na internet por meio dos vídeos e fotos que tiram dela.

É um limite difícil de estabelecer, e torna-se ainda mais confuso por causa das pessoas que tomam liberdades como essas enquanto se autodenominam fãs. Como se já não fosse confuso o suficiente, franquias populares e serviços de streaming nos dizem que perseguição é... bem... meio que sexy.

I think I've seen this film before, and I didn't like the ending[30]

You é uma série da Netflix baseada no popular livro de Caroline Kepnes. A obra inspirou o ressurgimento de histórias sobre anti-heróis mais sombrios ainda. Joe Goldberg, o personagem

[30] Verso da música "Exile", do álbum *Folklore*, lançado em 2020; significa "acho que já vi esse filme antes, e não gostei do final".

principal, parece ser um cara normal e desajeitado que mora em Nova York. Por trás dessa fachada – habilmente interpretada por Penn Badgley – existe um monstro. Vemos Joe ficar obcecado por uma garota que entra na livraria onde ele trabalha. Eles começam a namorar, e ele passa a observá-la e a estudar cada movimento dela; rouba sua calcinha, manipula sua vida e literalmente tenta matar seus amigos. Alerta de spoiler: não termina bem.

Embora os criadores e Penn Badgley tenham dedicado muito tempo à mídia insistindo que nós, os espectadores, não devemos torcer por Joe nem gostar dele, os fãs se sentiram na liberdade de expressar seu carinho pelo personagem. Muitos espectadores têm uma queda por Joe, apesar do comportamento perturbador dele, e sabemos que a intenção é causar desconforto e repulsa. No entanto, para que a série tenha sucesso, é necessário desenvolver um fã-clube, e no fim das contas ouvimos a história quase exclusivamente do ponto de vista dele, com sua narração unindo cada cena. Torna-se quase impossível não romantizar o comportamento dele. É uma série ótima e viciante, mas está nos ajudando a encontrar algum equilíbrio na maneira como abordamos o que é aceitável nos relacionamentos?

You não é a única história que normaliza ou romantiza o conceito de perseguição. Antes de *You* havia *Cinquenta Tons de Cinza*, e antes disso, *Crepúsculo*. Todas essas histórias têm como objetivo atrair o espectador mais jovem, e todas apresentam homens intensos com sérios problemas de autocontrole. Esses caras também são todos *muito* atraentes e estão envolvidos em relacionamentos românticos com mulheres que nutrem a esperança de consertá-los. Todos eles encontram maneiras de controlar ou diminuir as mulheres com quem se relacionam, sempre usando alguma mazela para se justificar: Edward é um vampiro, então precisa fazer de tudo para controlar seus impulsos e "proteger" Bella. Christian Grey é adepto de práticas sexuais desviantes (BDSM não é um comportamento sexual desviante, mas é retratado como tal nessa franquia) e deve... você adivinhou, fazer de tudo para controlar seus impulsos e "proteger" Ana.

Faz sentido que existam paralelos, já que *Cinquenta Tons* começou como fanfic de *Crepúsculo*. Isso mesmo, E. L. James é uma de nós, uma *fangirl*! Mas é desconcertante ver esse comportamento normalizado repetidas vezes em uma franquia de sucesso atrás da outra.

O comportamento de Joe é tido como desequilibrado e errado. Ainda assim o vemos se apaixonando, fazendo sexo em tela e expressando um tipo de vulnerabilidade com a qual conseguimos nos identificar. Jovens no auge da descoberta de comportamentos saudáveis em relação ao sexo, ao amor e aos relacionamentos vão sofrer o impacto do contato com essas histórias e serão influenciados por ela na hora de discernir o que é ou não "normal". Quando aprendemos os limites do amor, da paixão e da expressão das nossas emoções, obras como essas desempenham um papel.

"Ver a perseguição retratada como um tipo sexy de perigo prejudica a percepção que tanto as mulheres como os homens têm sobre limites."

Existe uma longa distância entre as representações de perseguição e coerção na mídia e o ato em si. Mas ver a perseguição retratada como um tipo sexy de perigo prejudica a percepção que tanto as mulheres como os homens têm sobre limites.

Se os jovens estão aprendendo a ignorar os limites aceitáveis e a colocar suas necessidades em primeiro lugar, não é de admirar que os fãs estejam confundindo conhecer Taylor com acampar na frente da casa dela. São fãs que assimilaram as mensagens contraditórias que a sociedade nos transmite, que a Netflix, as fofocas sobre celebridades e as redes sociais promovem como uma rápida onda de alegria e um meio pelo qual possamos atingir nosso objetivo. E é aí que as linhas ficam borradas e o status muda. É quando os limites se confundem e o ressentimento pode surgir. É assim, meus amigos, que nascem os trolls.

CAPÍTULO 9

BAD BLOOD[31]

Trolls, Tattle e TMZ

[31] Referência à música "Bad Blood", do álbum *1989*, lançado em 2014; significa "conflito".

Trolls. Já não são apenas bonequinhos com cabelos coloridos nem criaturas mitológicas que habitam em cavernas. Os trolls se tornaram parte da vida virtual. Seja famoso ou não, você provavelmente já viu um ato de trolagem ou foi alvo de um.

O termo "trolling" foi adicionado ao *Oxford English Language Dictionary* em 2006, definido neste contexto (e traduzido livremente) como:

> "mensagem enviada para um grupo de discussão na internet com o objetivo de irritar as outras pessoas; alguém que envia uma mensagem como essa".

Os trolls estão dominando a internet, e o comportamento deles varia. Muitos trolls se escondem atrás de um perfil sem identificação ou usam nomes falsos; o hobby – podemos chamar também de hábito ou vício – dessas pessoas é enviar mensagens abusivas no ambiente virtual. Nós passamos a aceitá-los como parte da vida cotidiana agora: ninguém está seguro. Quer você seja uma celebridade, quer seja uma marca ou um jovem, é provável que já tenha sido alvo de mensagens anônimas carregadas de ódio. Já houve situações em que a trolagem se transformou em bullying na vida real.

É difícil entender o que leva as pessoas a adotar esse comportamento. Sem dúvida, há um elemento de "porque eu posso" em alguns casos, nos quais o autor da mensagem não pensa na própria motivação antes de clicar em "enviar".

Os trolls são agressores virtuais, e essa parte das redes não apresenta indícios de que vai desaparecer tão cedo.

Dito isso, sempre há uma pessoa de verdade por trás do troll. Algumas vítimas de trolagem tentam entender melhor por que uma pessoa atacaria outra on-line. "Shrill", de Lindy West, conta como foi o momento quando confrontou seu troll – que vinha deixando comentários abusivos e gordofóbicos em seu blog havia meses. Quando ela conhece seu troll na vida real, encontra um adolescente – um garoto que havia perdido o rumo e achava que não havia problema em destilar ódio por meio de uma plataforma anônima, incapaz de realmente explicar o que o levava a agir assim. Ele não era exatamente o monstro assustador, calculista e ameaçador que ela imaginava: mal era um adulto.

Ainda assim, as ações dele haviam repercutido, tanto em Lindy quanto nele mesmo, e, por meio desse retrato na adaptação televisiva de suas memórias, podemos ver uma Lindy reflexiva e ligeiramente desanimada com a descoberta. Na vida real, Lindy teve uma longa conversa com seu troll no podcast *This American Life* e aprendeu que o comportamento dele era resultado de sua própria tristeza e falta de autoconfiança. Era mais fácil assombrar mulheres on-line do que enfrentar seus próprios demônios.

Catfish: o programa de TV que é um dos meus prazeres vergonhosos favoritos. Depois de ter assistido a todos os episódios pelo menos uma vez, digo que o show tem, superficialmente, um formato repetitivo (de um jeito reconfortante). Os apresentadores Nēv Schulman e Kamie Crawford ajudam pessoas que temem estar sendo enganadas pelo(a) namorado(a) virtual.

Com base em uma experiência que aconteceu com Schulman, *Catfish* cunhou um novo termo para descrever a trolagem romântica. O programa também investiga a maneira como as pessoas podem se comportar se tiverem a identidade preservada na internet e muitas vezes descobre indivíduos reclusos, socialmente ansiosos ou intimidados e atormentados que usam a internet como uma maneira de processar emoções com as quais são incapazes de lidar no mundo real. Isso resulta em *catfishing*. O momento da "grande revelação" do programa é muitas vezes a parte mais emocionante, mas a gentileza com que os anfitriões tratam o enganador – sendo compassivos e estando dispostos a ajudá-lo a mudar – é o ponto em que a produção mais acerta.

A pessoa por trás de um troll provavelmente é alguém que nunca faria os mesmos comentários na vida real se tivesse oportunidade. A razão pela qual o anonimato virtual traz à tona o que há de pior nas pessoas não é tão simples e exata, mas muitas vezes está relacionada a algum tipo de insatisfação pessoal.

Não significa que o impacto seja menor. Fico perplexa que ainda seja tão fácil espalhar comentários de ódio pela internet, dadas as repercussões que isso causa à vítima. Existem paralelos entre a trolagem e a perseguição. A perseguição vem de um sentimento profundamente enraizado, muitas vezes amor que se transforma em raiva, e podemos dizer o mesmo da trolagem. A principal diferença é que a segunda raramente enfrenta a mesma punição legal que a primeira. Por quê?

De "eu te amo" para "eu te odeio"

Há algo inacreditável acontecendo em um dos recônditos mais profundos da internet. Uma comunidade oculta de pessoas que dedicam tempo a se unir anonimamente e expor celebridades por seu comportamento, do mais ordinário ao mais malicioso. Essa comunidade está sempre lá, preparada, à espera de derrubar seus influenciadores favoritos.

Bem-vindo ao Tattle.

Fundado em 2018, o Tattle se define como

> *"um site de comentários sobre perfis públicos de empresas e de pessoas que optam por monetizar sua vida pessoal como um negócio, colocando-a em domínio público por meio de redes sociais".*

A descrição continua:

> *"é uma parte importante de uma sociedade saudável, livre e justa que os membros do público possam dar sua opinião a respeito daqueles que estão em posição de poder e influência. Permitimos que as pessoas expressem seu ponto de vista".*

E acrescenta:

> *"Não consiste em trolagem".*

Baseados na noção de que "o marketing de influenciadores é insidioso", os fundadores e usuários (anônimos) do Tattle insistem que a relação entre celebridade e seguidor é parassocial e que estudos comprovam que as pessoas não conseguem diferenciar influenciadores virtuais de amigos regulares, o que os leva à conclusão de que os influenciadores estão manipulando o relacionamento com seus fãs para ganhar dinheiro.

O Tattle se concentra em criadores de conteúdo, embora tenha fóruns sobre celebridades mais tradicionais, incluindo Taylor Swift, Britney Spears e Philip Schofield, bem como programas de TV como *Love Island* e *Strictly Come Dancing*. Se houver um grande escândalo no meio das celebridades, os usuários do Tattle ficarão sabendo de todos os detalhes no mesmo instante.

No mundo da fama, em que ponto um influenciador ou criador de conteúdo se torna celebridade? O Tattle insiste que os influenciadores são "protegidos" das críticas devido à natureza pessoal de suas publicações, mas que não merecem a privacidade muitas vezes concedida às celebridades mais tradicionais. Supõe-se que os seguidores dos influenciadores estejam cegos de alguma maneira. A missão unificada do Tattle parece ser descodificar a "realidade" dos fãs iludidos que não conseguem enxergar a verdade por trás das presenças virtuais que seguem com tanta devoção.

Superficialmente, os usuários do Tattle são guerreiros que em vez de usar espadas usam o teclado, buscando vingar as pessoas normais que são enganadas por celebridades. Observando com mais atenção, muitos usuários estão participando de um ritual bem familiar. Seguindo cada movimento da celebridade ou influenciador escolhido, os usuários do Tattle são fãs também, mas não como os que conhecemos. Eles parecem saber tudo sobre seu alvo. Há *threads* que se estendem por página atrás de página a respeito dos mesmos influenciadores e figuras públicas. A despeito de como sejam chamados, evocaram uma intensa onda de reações.

A dedicação da qual os usuários do Tattle dispõem ao acompanhar as celebridades de quem não gostam é semelhante à do fã mais extremo e engajado. Eles assistem a todos os vídeos do YouTube e do TikTok. Eles analisam cada imagem, leem as descrições das postagens e os comentários dos seguidores, tudo com o objetivo de provar que aquela pessoa está manipulando seus fãs. O Tattle não é um site que eu recomendo. Não é para os sensíveis. Mas é convincente e prende sua atenção. Não há como nos tornarmos seres humanos melhores se estivermos em contato contínuo com observações negativas. Mas não há dúvida de que o conteúdo é viciante.

Então, os fãs dos Tattlers têm outro nome? Na minha opinião, sim. A cultura de fã como a conhecemos tende a ser dominada pela positividade e pela admiração, mas há um lado negativo nessa abordagem: uma espécie de obsessão oculta, uma pressão às vezes envolvida. Se você não está "stalkeando" alguém ou ativamente mencionando essas pessoas em suas plataformas, pode dar vazão aos seus sentimentos mais intensos comunicando-os em uma comunidade mais homogênea. Mas tudo bem fazer isso? É saudável?

Ser fã é ter e compartilhar conhecimento.

Nós, fãs, estamos munidos de informações e gostamos de garantir que nossos amigos, familiares e colegas virtuais sejam informados da maneira certa, construindo a narrativa certa para promover longevidade e autenticidade às nossas queridas estrelas. Também adoramos ser os primeiros a saber – isso nos confere senso de utilidade e influência.

Os usuários do Tattle fazem a mesma coisa. A compulsão de compartilhar o mundo de sua celebridade inimiga é aparente. Melhor ainda se você for o primeiro a compartilhar aquela notícia. Quando os influenciadores anunciam grandes momentos da vida, os fóruns do Tattle se transformam em páginas repletas de capturas de tela, todos ansiosos para espalhar a notícia primeiro, para deixar seus melhores comentários contundentes junto com um "Eu sabia!" ou "Eu avisei!". É quase um ritual.

A diferença entre fãs tradicionais e usuários do Tattle é que esses grandes momentos estão envoltos em uma preocupação quanto à derrocada da sociedade: uma lição a ser aprendida no que diz respeito à frequência com que deixamos os influenciadores e as celebridades escaparem impunes. Não há torcida.

Para quem usa o Tattle, esse parece ser um hobby extremamente desgastante. A noção de obsessão ou compulsão existe no Tattle, e é a mesma compulsão que está alimentando nosso vício em conteúdo de celebridades.

A cultura do clickbait

A mentalidade do Tattle é a seguinte: estamos apenas tentando ser responsáveis; se as celebridades estão jogando a informação no mundo, é nossa obrigação e nosso direito fazer comentários a respeito.

É possível enxergar sites como o TMZ da mesma maneira. Não é necessário ir muito longe saindo do Tattle para chegar ao TMZ, embora este vista sua trolagem e seu compartilhamento de informações com uma estrutura de fonte legítima de notícias. Perez Hilton opera de um jeito semelhante. Lançados na mesma época, TMZ e Perez sempre tiveram objetivos parecidos, com nuances um pouco diferentes. Em última análise, o objetivo deles é este: as celebridades estão fazendo algo e queremos falar a respeito disso antes de todo mundo. Os verdadeiros fãs sempre vão questionar se o conteúdo do TMZ e de Perez é apropriado e legítimo. Certamente não são fontes neutras nem jornalísticas, mesmo quando são precisas ou divulgam novidades bombásticas. Esses tipos de site estão na vanguarda do *clickbait* lascivo e representam a cultura dos anos 1990 e 2000 em condições nada inovadoras.

O início dos anos 2000 representa um deserto tóxico de mídia. Não dava para colocar a mão no fogo por ninguém quando se tratava de celebridades e da maneira como as notícias que as envolviam eram reportadas. Ao lado de Perez e TMZ havia outros sites e boletins informativos anônimos: Oh No They Didn't e Popbitch ofereciam fofocas e boatos exclusivos, com um pouco menos de direcionamento de público.

Se alguma coisa estivesse acontecendo no mundo das celebridades, não importava se era controverso ou como a informação havia sido obtida, esses sites cobriam o assunto. Era uma dificuldade constante discernir entre "notícia" e "fofoca".

Esse tipo de reportagem malfeita, descontrolada e não regulamentada levou a muitas controvérsias: tirar celebridades gays do armário, anunciar a morte de celebridades antes mesmo de as famílias terem sido informadas, intimidação constante e direcionada a certas jovens celebridades, como Britney Spears.

Percorremos um longo caminho desde então, mas o caminho para a cultura de fã e a cultura virtual de celebridades foi trilhado pela primeira vez por algumas das pessoas mais polêmicas da mídia.

Perez

Perez Hilton lançou um blog em 2004, originalmente chamado PageSixSixSix, que cobria fofocas e notícias sobre celebridades. De acordo com o site oficial, PerezHilton.com ainda acumula mais de trezentos milhões de acessos por mês. Nas redes sociais, Perez ainda conta com mais de seis milhões de seguidores, incluindo sua atividade no YouTube. Percebe-se que ele está ausente do TikTok – do qual foi removido por violar as diretrizes da comunidade.

Perez era, nos primórdios, um assistente pessoal de celebridades em busca de sucesso em Hollywood. Em contraste com o TMZ, que se configura como uma fonte corporativa de notícias repleta de jornalistas invisíveis, Perez se estabeleceu como o ponto central de seu blog e, ao longo dos anos, tornou-se um personagem e participante importante nos círculos de celebridades e fofocas. A notoriedade de Perez cresceu depressa – seu site foi uma das primeiras plataformas on-line a relatar exclusivamente as atividades das principais estrelas do momento, e ele logo se tornou uma celebridade também. Se você quisesse saber o que estava acontecendo em Hollywood nos anos 2000, Perez era o cara que falava do assunto primeiro, sem intermediários.

O conteúdo do blog, sem filtro nem polimento, expunha as opiniões controversas de Perez sobre os famosos como se fosse um de nós. Acompanhados de comentários grosseiros manuscritos e rabiscos feitos no Paint (alguém se lembra do Paint?!), ler os textos era como fofocar com um amigo. Mas, à medida que sites rivais passaram a aparecer e a necessidade de continuar acumulando visualizações e engajamento aumentou, o conteúdo começou a mudar. A fofoca divertida e irônica saiu do controle e assumiu um tom de desespero.

O próprio Perez afirmou que seu conteúdo passou de "maldoso a totalmente sórdido" conforme a página crescia. A necessidade de alimentar seu público fez com que o conteúdo postado fosse mais polêmico, a fim de atrair mais pessoas ao seu canal. Já que Perez havia se estabelecido como a cara da plataforma, acabou sofrendo o impacto da retaliação; foi quando deixou de ter o poder de cancelar as celebridades e foi ele mesmo cancelado pelas próprias ações.

Os criadores do TikTok comemoraram abertamente a retirada de Perez da plataforma. Perez agora se declara "odiado", chegando até a afirmar, em uma entrevista de 2021, que se ele morresse amanhã o mundo comemoraria. A marca de reportagem sobre celebridades "sem limites" de Perez contrasta fortemente com o consumo de mídia mais cuidadoso da geração mais jovem.

Em um mundo onde qualquer pessoa pode criar conteúdo e fazer parte da cultura das celebridades, os fãs podem agora criar suas próprias notícias.

Não há como negar que Perez foi longe demais. O TMZ ainda é responsável por liberar esse tipo de conteúdo nojento e não filtrado em nome da exclusividade. No entanto, nós, consumidores, mandamos tudo para dentro. Queremos saber o que está acontecendo, seja bom ou ruim, e raramente questionamos como aquela informação foi obtida ou sua legitimidade.

Será que os fãs que reportam sobre seus ídolos estão começando a fazer o mesmo? Os padrões na mídia se repetem. Nosso fascínio por celebridades, nossa admiração por elas torna difícil definir o que é "longe demais". As pessoas estão acostumadas a receber notícias satisfatórias e chocantes de celebridades. Sempre queremos mais, apesar de continuarmos amando nossos ídolos. Quanto mais podemos nos deleitar com a vida deles a distância, mais os amamos (ou detestamos).

Perfis populares de comentários no TikTok também estão começando a sentir a pressão ao divulgar conteúdo o mais rápido possível. Com a exigência de ser o primeiro a compartilhar o que Taylor Swift está vestindo, fazendo ou quem ela está namorando, quando a ênfase na checagem de fatos perde prioridade? Podemos ser bons fãs se nossa prioridade é vencer a batalha por visualizações e likes?

Existem muitas maneiras novas de relatar o que está acontecendo em Hollywood, bem como o que os influenciadores e artistas estão fazendo. Estamos ficando mais inteligentes e experientes na maneira como apresentamos o mundo das celebridades? Podemos aprender muita coisa com a cultura tóxica de fofocas de Perez Hilton – e com as jovens celebridades que foram submetidas a ela, como Paris Hilton e Britney, que agora podem falar sobre o impacto prejudicial que isso teve sobre elas.

Mas... nós ainda ficamos tentados a abrir a cortina para saber mais sobre a vida daqueles que admiramos e adoramos. Alguns de nós estão encontrando maneiras melhores de fazer isso. Podemos enfrentar o mundo selvagem dos famosos e observá-lo com nossas lentes de fãs sem prejudicar a segurança de ninguém? Com opções de mídias de maior duração – podcasts e vídeos no YouTube, por exemplo – e conteúdo criado principalmente por fãs, talvez possamos encontrar um ambiente mais confortável para dar vazão ao nosso amor pelos ricos e famosos.

CAPÍTULO 10

THE LAST GREAT AMERICAN DYNASTY

De Perez aos podcasts, blind items e clubes de livro

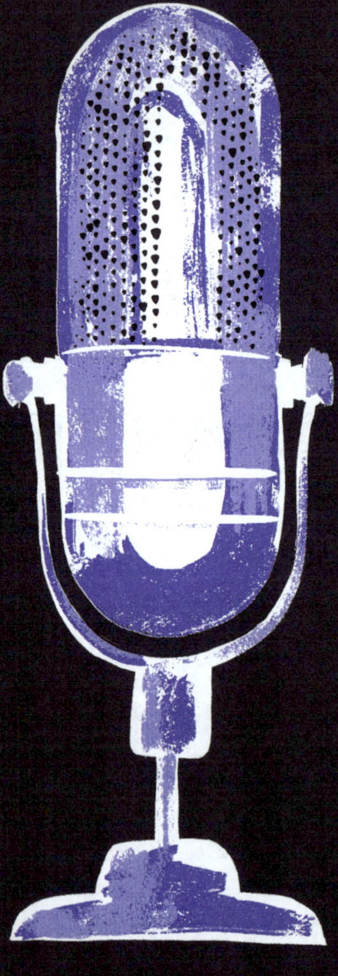

Um dos meus podcasts favoritos é o *Celebrity Memoir Book Club*, apresentado pelas comediantes nova-iorquinas Claire Parker e Ashley Hamilton. Toda semana as duas se sentam para revisar e recapitular memórias ou autobiografias de celebridades. O podcast apresenta tomos de celebridades "cult" nostálgicas – como Mel B, Tori Spelling e Paris Hilton – ou leituras que se encaixem no *zeitgeist*, sempre histórias que geraram burburinho e comentários, como *Spare*, do príncipe Harry, *Friends, Lovers and the Big Terrible Thing*, de Matthew Perry, ou *Pageboy*, de Elliot Page. Depois há as "celebridades que não têm por que escrever um livro de memórias", uma confusão de figuras públicas que aumentam a contagem de palavras com dicas estranhas e histórias incompletas – Jason Derulo e Lea Michele, estou olhando para vocês.

O *Celebrity Memoir Book Club* resume a alegria de ouvir podcasts, que podem ser publicados e postados rapidamente para que todos possamos compartilhar as celebridades como um grande grupo de fãs. Ouvir vozes divertidas e amigáveis literalmente no nosso ouvido ajudando a direcionar e desconstruir nossos pontos de vista sobre coisas que são tão interessantes para nós está se tornando cada vez mais uma alternativa para o consumo desse tipo de conteúdo. É bem divertido.

Os podcasts nos presentearam com uma onda de cultura pop verdadeiramente dedicada a tratar as fofocas com bom senso, zelo e consistência.

Como já discutimos, vivemos em um mundo baseado em fofocas, cujas motivações podem ser positivas ou negativas. Mas para aqueles de nós que são obcecados pelo mundo da fama – não apenas pelas pessoas que nele vivem, mas pelo seu movimento, pela maneira como impacta a sociedade e pela maneira como *nos* afeta –, os podcasts oferecem algo mais.

Houve uma enxurrada de podcasts nos últimos dez anos. Podcasts sobre celebridades, como mencionamos, mas também centenas de famosos que estão criando seus *próprios* podcasts, oferecendo outra suposta maneira de participarmos intimamente da vida deles. Agora podemos ouvir uma hora da nossa pessoa famosa favorita falando conosco sobre amor, casamento, paternidade, bem-estar, maquiagem, autocuidado, vida, morte e tudo o mais.

Nós nos transformamos em uma sociedade que monetiza e compartilha cada elemento da vida em troca de validação ou admiração. Temos *tanto acesso* a algumas celebridades que isso está mudando a forma como as enxergamos e confundindo os limites para fãs e curiosos.

Portanto, é ótimo encontrar equilíbrio em um podcast como o *Celebrity Memoir Bookclub*. Claire e Ashley identificaram que as pessoas vão interpretar coisas que não estão de fato ali ou nunca foram ditas, por isso a plataforma delas promete julgar as celebridades com base em um único critério: fatos que elas mesmas contaram ou confirmaram na publicação de suas memórias e autobiografias.

Diferentemente das fundadoras do *Celebrity Memoir Book Club*, Shannon McNamara (apresentadora do excelente *FluentlyForward*) ficou famosa por seus *blind items*. *Blind items* são o oposto da autobiografia: são as corujas entregadoras de cartas da internet, chegam silenciosa e misteriosamente – a menos que a história grite por si –, colocam a notícia no mundo e a deixam sujeita à interpretação do entusiasmado destinatário.

Blind items são artigos escritos que nos contam algo escandaloso ou inesperado sobre uma celebridade, ou sobre a própria indústria, sem revelar os pormenores. São *Easter eggs* em si, enigmas cheios de pistas a serem decifradas pelos mais informados entre nós. É difícil saber quais são verdadeiros e quais são mentirosos. Mas isso não importa muito – não é para isso que servem. Servem para nos fazer imaginar o que poderia ser verdade, aonde as pistas podem levar e quem consegue acertar primeiro.

Shannon percebeu que seus vídeos mais populares no TikTok começaram a viralizar durante o lockdown, quando ela compartilhava *blind items* sobre todos os tipos de celebridade, programas de TV ou até mesmo estrelas do esporte. O jeito acolhedor e envolvente de Shannon nos deu motivos para ficar entusiasmados durante a pandemia. Podíamos até estar trancados em casa, mas alguém havia se esforçado para agrupar e interpretar *blind items* para nós, muitos deles baseados em solicitações e fascínios dos espectadores. É tudo muito inocente e gera a mesma emoção de quando passávamos bilhetinhos no ensino médio; não faz mal a ninguém.

Quando os *blind items* são confirmados pela grande mídia ou pelas próprias celebridades, é outra injeção de serotonina. Ficamos felizes por termos acertado, sentimo-nos vitoriosos por conhecer o calcanhar de aquiles de Hollywood.

Essa nova onda de informação, essa maneira como resolvemos sozinhos o mistério, recorrendo ao *crowdsourcing* dos relatórios, está criando um exército virtual pronto para desempenhar o bom trabalho da fofoca, não importa onde estejamos no mundo.

DeuxMoi

A cultura das celebridades não existiria hoje sem o DeuxMoi. Os *blind items* caminharam para que o DeuxMoi pudesse correr. É, sem dúvida, a maior plataforma de fofoca sobre celebridades do momento e está sujeita a controvérsias tanto na indústria quanto entre os fãs. O espírito do DeuxMoi é este: se está aos olhos do público, é jogo limpo. É claro que às vezes a plataforma se envolve em polêmicas, incluindo nossa própria Taylor Swift – e não se limitando a ela. A assessora de imprensa de Taylor, Tree, se pronunciou no X no fim de 2023 para refutar comentários específicos do DeuxMoi – uma atitude extrema e inédita que não pode ser ignorada. Os rumores que foram contestados devem ter tocado alguma ferida. Dito isso, assim como os *blind items*, pode-se sugerir que o DeuxMoi não tem por objetivo espalhar ódio nem intimidar celebridades. Pelo contrário: com as lentes do DeuxMoi, compartilhar histórias de celebridades torna-se algo divertido, uma espécie de escapismo e entretenimento. Não deve ser levado muito a sério. Muitos de nós vamos continuar falando dos nossos amigos famosos enquanto eles estiverem diante dos nossos olhos.

Os podcasts sobre cultura pop que você precisa ouvir

1. FluentlyForward
2. Shameless
3. Celebrity Memoir Book Club
4. Sentimental Garbage
5. Unreal: A Critical History of Reality TV

O DeuxMoi compartilha diariamente, para dois milhões de seguidores, os movimentos e atividades dos famosos no mundo inteiro, contando com um fã-clube próprio muito dedicado. Esse fã-clube envia relatórios anônimos quando veem alguém em algum lugar, bem como os rumores e as teorias de fãs que foram divulgados na imprensa. O DeuxMoi compartilha tudo isso e muito mais com neutralidade. Embora tenha suas próprias fontes confiáveis, não é sempre que declara verdades incontestáveis, a menos que o fato seja confirmado por múltiplas fontes. Em vez disso, a plataforma se concentra em enfatizar o "se" e o "talvez", promovendo um fórum aberto em seu canal para qualquer pessoa enviar uma possível fofoca, destacada nas matérias com recursos visuais para indicar se acha que a informação pode ser confiável... ou criativa.

Há quem duvide e argumente que o DeuxMoi e seus fãs acrescentam um novo conjunto de problemas aos já estabelecidos pela mídia tradicional. Condenam – e com razão – as abordagens e motivações dos paparazzi, carregando por aí suas câmeras como se fossem armas, caçando sem o menor pudor. No entanto, o DeuxMoi tem seus próprios paparazzi que estão entre a própria população, ocupando todas as ruas de todas as cidades e países do mundo, conectando-se por meio das redes sociais.

O alcance do DeuxMoi hoje em dia é enorme e mais poderoso e rápido que qualquer paparazzi ou equipe de fotografia bem pagos. Dois milhões de seguidores são capazes de identificar as celebridades em todo e qualquer lugar, para que todos nós possamos vê-las.

Alguns consideram isso perigoso, incluindo Tree Paine, porque ao aceitar esse tipo de mídia não estamos permitindo às celebridades um único momento de privacidade. Mas, em um contexto em que existem tantos meios de comunicação perigosos, cruéis e sedentos por lucro cujo objetivo é despedaçar as celebridades e ganhar dinheiro com isso, não é melhor que os fãs cheguem lá primeiro? Sem nenhum interesse senão o de contribuir, os seguidores do DeuxMoi esperam trazer um pouco de escapismo ao mundo em que vivemos. Em última análise, o site nunca tenta deliberadamente danificar nem destruir a imagem de seus protagonistas; apenas nos diz onde comem sushi e com quem compartilham os hashis.

Mas com certeza é complicado impor o limite: por que alguns tipos de fofoca sobre famosos são aceitáveis e outros não? Todos contribuímos para o mesmo ecossistema e todos queremos sempre mais, não importa quanto recebemos. É importante salientar que há, indiscutivelmente, a necessidade de traçar um limite e que a fofoca não deve ser ilimitada – incidentes médicos e traumáticos ultrapassam esse limite, e temos dificuldade de entender por que as celebridades protestam contra certos tipos de fofoca; precisamos aceitar que é direito delas fazê-lo.

Então, se aplaudimos os famosos enquanto estão comendo sua massa favorita no Carbone, o que faremos quando descobrirmos que nossos amigos famosos cometeram um erro ou não procuraram uma oportunidade de informar seus muitos seguidores? Bem, embora nomes como DeuxMoi e *FluentlyForward* tenham a tendência de ser modestos em compartilhar opiniões duras, nós, fãs, sempre responsabilizaremos as celebridades. Estamos muito expostos a elas. Da mesma maneira, por sua vez, elas também estão mais expostas a nós do que nunca. Os fã-clubes têm acesso à vida delas, ao seu estilo, ao seu café favorito, e cada vez mais às suas opiniões... ou à ausência delas.

Nunca observamos tanto os famosos; eles hoje nos influenciam mais que nunca. Os fãs estão desesperados por mais conteúdo, sim, mas será que isso vem de querer ser conduzido, de querer entender como pensar e o que sentir? Na minha opinião, sim. Nós não apenas falamos sobre as celebridades, especialmente aquelas com quem temos forte vínculo, como Taylor Swift, mas também as ouvimos, portanto o que elas fazem tem mais significado que nunca.

Esse fato, combinado a um mundo repleto de conflitos, tragédias iminentes como as mudanças climáticas, as guerras culturais e o desafio ao *zeitgeist*, exerce mais pressão sobre as figuras públicas para que contribuam com essas conversas que significam tanto para as pessoas influenciadas por elas.

Estaremos aqui para aplaudi-los quando ajudarem a espalhar informação, e garantimos que vamos avisá-los quando fizerem besteira.

UMA ENTREVISTA COM...

DeuxMoi

Quando o DeuxMoi teve início?

Em 2020, por volta da época em que começou o *lockdown*. Eu tive uma carreira de muitos anos na moda antes disso, e, quando tudo em Nova York fechou, as pessoas começaram a perder seus empregos. Foi um momento muito difícil para todos, inclusive para mim, e eu precisava de uma distração. Eu tinha uma conta no Instagram com alguns seguidores e pedi a eles que compartilhassem histórias de quando encontraram celebridades. Eu as publicava apenas para entreter as pessoas e ocupar a cabeça, me distrair. Foi literalmente assim que tudo começou. Eu não postava notícias sobre coisas que estavam acontecendo em tempo real porque não havia nada acontecendo.

Você sempre gostou de fofocas sobre celebridades?

Eu já tinha visto postagens semelhantes no Facebook, *threads* de pessoas falando sobre como foi conhecer tal celebridade e contando alguns detalhes da interação. Foi daí que tirei a ideia. Eu lia o *US Weekly* toda semana e assistia ao *E! Notícias*. Achava que sabia muito sobre as celebridades… mas eu não sei 1% do que esses fã-clubes sabem. Estou constantemente aprendendo mais e mais a cada dia.

Como o DeuxMoi se desenvolveu?

Quando comecei, não postava notícias, só compartilhava histórias. Era tipo uma festa do pijama com seus melhores amigos, sabe? Mas acho que as pessoas que trabalham na indústria descobriram a conta e pensaram, uau, este é um ótimo lugar para divulgar fofocas sobre as celebridades. Então, em janeiro de 2021, quando o mundo começou a voltar ao normal, recebi quatro informações muito importantes – histórias que publiquei antes que a mídia tradicional tivesse a chance de divulgar. Então foi aí que a conta deu uma guinada, e as pessoas começaram a achar que era uma conta vazada ou que se algo fosse acontecer eu seria a primeira pessoa a postar a respeito.

Você planejou o crescimento da conta?

Eu não tinha um plano de verdade, só segui o fluxo. Fui na onda das informações que estavam chegando. Então, em 2021, as informações que eu recebia já não eram sobre histórias antigas, eram sobre coisas que estavam acontecendo naquele momento. E assim chegamos aqui.

Você é fã de Taylor Swift?

Sim. Gosto da música dela.

Por que você acha que Taylor Swift se tornou uma grande estrela?

A música desempenha um papel importante, sem dúvida, mas acho que esse é apenas um dos motivos. Eu não tinha minha conta quando ela começou a realmente se conectar com seus fãs, então só posso falar do que vi e li. Mas ela os convidava para sua casa e interagia com eles nas redes sociais. Acho que isso os atraiu. As letras dela fazem as pessoas se identificar. De alguma maneira, ela criou esse relacionamento com os fãs em que eles a consideram sua melhor amiga. Não sei como ela fez isso.

Você teve interações negativas com os fãs?

Alguns fãs vão longe demais. O DeuxMoi é como uma coluna de fofocas de baixo risco. Fala sobre quem está namorando quem, quem foi demitido de um programa de TV, quem está saindo em turnê. Esses assuntos não deveriam deixar as pessoas tão chateadas, embora alguns fãs ainda fiquem. Mas não é para ser algo tão sério, é para ser divertido, algo que te distrai e te ajuda a esquecer os seus problemas. É para ser uma fuga.

Do que você gosta nos fãs?

Eles me ajudam. Eles ficam sabendo das coisas antes de qualquer outra pessoa e compartilham essas informações comigo. Sou muito grata por isso. Sinto que tenho um bom relacionamento com vários fã-clubes diferentes. Eles me dizem quando algo que eu posto está impreciso e me passam atualizações constantemente, são superprestativos. Eu gosto dos fã-clubes, gosto mesmo.

CAPÍTULO 11

THIS IS ME TRYING[32]

A política de Taylor Swift

[32] Referência à música "This Is Me Trying", do álbum *Folklore*, lançado em 2020; significa "essa sou eu tentando".

Estar sob a constante observação do público é uma situação estranha por si só, e nos últimos anos a coisa ficou ainda mais complicada. Já não vivemos nos problemáticos anos 1990, quando as celebridades podiam cortejar a controvérsia, dizer o que bem entendiam, violar leis, destruir a decoração de quartos de hotel e ganhar mais fama ainda por isso.

Vivemos em um mundo onde o público, e principalmente os fãs, querem saber o ponto de vista de seus ídolos; querem seguir o exemplo deles. Compreender a visão deles sobre algo é compreender também a nossa própria.

Há muito a se admirar em uma celebridade ou figura pública que coloca a política e a moralidade no cerne de sua imagem. E quanto a Taylor Swift? Onde ela se enquadra na conversa sobre nossa expectativa de representação por parte das celebridades? Durante muitos anos, Taylor manteve sua posição política fora de vista e só revelou ser democrata em outubro de 2018 – o que à época foi uma grande revelação, depois de anos de especulações não confirmadas sobre as tendências políticas dela.

Em geral, ficou muito mais difícil para celebridades, influenciadores e, honestamente, qualquer pessoa que tenha conta em uma rede social acertar a mão. Há tanta coisa acontecendo no mundo, tantas opiniões contrárias e gritos de guerra. Tem gente refletindo a respeito de tudo: a maneira adequada de demonstrar respeito, simpatia, união e raiva em um mundo cada vez mais politizado. Se você não sabe de que lado do muro está, é bem provável que já esteja do lado errado; se não está representando tudo, está sendo negligente; se compartilha sua posição política o tempo todo, corre o risco de ser apontado como caprichoso e falso.

Taylor Swift está aprendendo sobre o mundo ao mesmo tempo que está sob os holofotes do público.

Ela está *experienciando* a vida enquanto as pessoas lhe pedem que *defenda* a vida.

E, enquanto ela decide quem quer ser, nós a vemos mais que nunca. A maneira como ela lida com a política não é perfeita; a nossa maneira também não é. Ela é humana e está lentamente abrindo espaço para as coisas com as quais ela e nós, seus fãs, nos preocupamos.

Então com o que Taylor se preocupa? Quais respostas os fãs estão esperando – e por quê?

I'd be a fearless leader[33]: feminismo nível básico

É difícil ser mulher.

Taylor Swift é, atualmente, a mulher mais famosa do mundo. E, enquanto ela está quebrando recordes, gravando músicas e sendo vista como um exemplo a ser seguido, as pessoas também pedem que ela seja, de alguma maneira, mais que

[33] Verso da música "The Man", do álbum *Lover*, lançado em 2019; significa "eu seria uma líder destemida".

À primeira vista, Taylor Swift nos mostra que você pode alcançar o mais alto nível de fama, ser universalmente querida

e ser mulher ao mesmo tempo.

isso. Ela é um modelo fantástico para as mulheres jovens em particular. À primeira vista, Taylor Swift nos mostra que você pode alcançar o mais alto nível da fama, ser universalmente querida e ser mulher ao mesmo tempo.

É possível notar que Taylor aprendeu sobre feminismo aos olhos do público, ao longo dos últimos dez anos. Com uma curva de aprendizagem acentuada, o feminismo é muitas vezes algo que as mulheres aprendem como um requisito, uma ferramenta de sobrevivência que nos ajuda a superar a enorme desigualdade da vida. Quando ficamos sabendo da existência dos segredos que percorrem os ambientes frequentados pelas celebridades – os homens mais famosos do meio agredindo mulheres sexualmente sem sofrer nenhuma repercussão, ou mulheres recebendo menos pelo mesmo trabalho pesado, ou sendo objetificadas diariamente por qualquer homem (ou mulher!) –, percebemos que o feminismo pode ser uma espécie de arma nas nossas mãos.

Taylor Swift nem sempre foi uma boa feminista, mas posso dizer a mesma coisa sobre mim. A diferença entre ela e nós é que podemos aprender nossas lições em particular, e se vamos compartilhá-las ou não com nossos colegas é uma decisão nossa. Taylor Swift não tem alternativa. Ela precisa decidir como seu feminismo vai se apresentar ao público e ao seu fã-clube, que é tão variado em pontos de vista quanto em maturidade.

Isso significa que o feminismo dela – ou pelo menos a projeção pública desse feminismo – precisa ser acessível. Pesquise: feminismo nível básico.

O que queremos dizer com feminismo nível básico? Antes, vamos voltar um pouco mais. O que queremos dizer com feminismo? É uma palavra usada com frequência, especialmente na cultura de hoje, mas que pode ter vários significados, dependendo da cultura, da cidade, do ambiente ou até mesmo da mentalidade que se tem. Desde a década de 1960, quando ativistas como Germaine Greer e Betty Friedan começaram a escrever e a defender os direitos das mulheres, temos visto sucessivas "ondas" de feminismo, cada geração se concentrando em diferentes aspectos da igualdade das mulheres.

A escritora Holly Bourne descreve o feminismo como a crença de que todas as pessoas devem ter os mesmos direitos, a despeito de sua identificação de gênero. Em um mundo complicado, o feminismo é algo que continua a se desenvolver à nossa volta – às vezes ruidosa e abertamente, às vezes baixinho, escondido para não perturbar os opositores errados. Às vezes acontece no particular, e não há problema nisso.

Quando hoje se pede a celebridades, marcas e figuras públicas que nos digam como ser politicamente engajados, é provável que muitas delas comecem, e muitas vezes permaneçam, com o essencial: e isso é o que podemos chamar de "feminismo nível básico".

O filme *Barbie*, lançado em 2023, é uma representação fantástica dessa abordagem aos fundamentos do feminismo. Uma abordagem mais avançada é ruim? Não! Há espaço para todas as versões de liberação serem discutidas pelas mulheres. O filme *Barbie* foi um fenômeno cultural com um enorme orçamento de marketing e uma forte estratégia de conteúdo viral apoiando o sucesso. O filme em si é uma aventura maluca que explora conceitos de gênero, consumismo e humanidade, ao mesmo tempo que veste Margot Robbie com roupas icônicas cercadas por divertidos elementos e cenários cor-de-rosa.

Barbie oferece ao público a oportunidade de ver estereótipos de gênero e papéis sociais invertidos – Kens como membros submissos e secundários da Barbielândia – em um mundo governado por Barbies, ou seja, por mulheres. Quando Barbie, interpretada por Margot Robbie, começa a questionar seu papel na vida, e os pensamentos de seu dono humano alimentam sua mente com inseguranças, muitas das perguntas que nos fazemos como mulheres no mundo real entram na narrativa.

O filme considera a beleza feminina, a dominação masculina, as provações e dificuldades do papel da mulher na sociedade. É uma ótima maneira de apresentar esses temas. Se você é uma garota que nunca considerou por que o mundo foi construído da maneira como o vemos hoje, *Barbie* é um trampolim importante para ajudá-la a enxergar a realidade com outro olhar.

O feminismo nível básico nos dá exatamente o que precisamos para compreender a razão pela qual as mulheres precisam lutar mais por mais oportunidades.

Ele nos inicia em uma jornada e nos leva a fazer os primeiros questionamentos quanto ao que significa ser mulher em uma sociedade dominada pelos homens.

I'm so sick of running as fast as I can[34]

E quanto a Taylor Swift? Taylor é, como falamos antes, um bom exemplo, especialmente para as mulheres jovens. Ela tem, sim, certa responsabilidade de informar seu público, e faz apenas o suficiente para cumprir esse quociente exigido pela fama. Mas... por quê? Taylor não é um filme produzido para espalhar uma mensagem e desafiar a mentalidade da sociedade. Ela não é um movimento político. Ela é uma mulher, alguém que está sob os olhos do público desde os dezesseis anos de idade. Sua vida, embora planejada com muita antecedência, não é um roteiro. Devemos esperar que nossas celebridades sejam politicamente ativas, informadas, explícitas *além de* superestrelas que cantam e dançam com mestria?

Ao longo da carreira de Taylor, nós a vimos ser submetida a certa idealização de inocência e feminilidade. Nós a vimos

[34] Verso da música "The Man", do álbum *Lover*, lançado em 2019; significa "estou muito cansada de correr o mais rápido que posso".

ser objetificada pela mídia, pelos fãs, pelos críticos. Conforme observamos anteriormente, Taylor costumava ser considerada menos talentosa e menos admirável que alguns colegas de profissão, como a cantora Adele e a banda Paramore, apesar da semelhança entre as histórias que compartilhavam sobre conflitos emocionais e fracassos amorosos. Será que a aparência de menina de Taylor contribuiu para isso?

É evidente, mesmo agora, que existem certas diretrizes que a sociedade prefere que as mulheres sigam, e como tal as mulheres são colocadas em caixas desde muito jovens. Taylor ganhou fama quando ainda era uma menina de olhos azuis e longos cachos loiros, usava vestidos delicados e tinha no olhar encanto, empolgação e inocência. Essa inocência e esse encanto, combinados a uma aparência estereotipadamente feminina, talvez atraíssem o escrutínio masculino para si – um olhar desdenhoso na melhor das hipóteses, destrutivo na pior.

Vamos dar uma olhada em "The Man". A música escreve na areia os sentimentos de Taylor ao crescer e se tornar uma mulher no mundo misógino das celebridades, e é o feminismo nível básico perfeito. A misoginia que a mídia retrata ao redor de Taylor é interminável. Ela já experimentou de tudo, desde constantes especulações e reportagens sobre sua vida amorosa até entrevistas no tapete vermelho onde lhe perguntam especificamente quem ela vai levar para casa depois do evento. O desdém por sua carreira quando ela era mais jovem é algo que Swift abordou diretamente em uma entrevista de 2019 com Zane Lowe:

> "Quando eu tinha vinte e três anos, as pessoas me reduziam a apresentações de slides da minha vida amorosa… e consideravam minha composição mais como uma artimanha do que como uma habilidade, um ofício. Era uma maneira de pegar uma mulher que estava fazendo seu trabalho, sendo bem-sucedida em seu trabalho e realizando coisas e… minimizar completamente essa habilidade fazendo algo que todo mundo em seu momento mais sombrio adora fazer: *slut shaming*. Não acho que as pessoas entendam como é fácil inferir que… uma artista mulher em nossa indústria está errada por querer amor, por querer dinheiro, por querer sucesso. As mulheres não podem querer essas coisas da mesma maneira que os homens querem".

"The Man" nos passa uma mensagem muito clara:

"Se eu fosse um cara, seria tratada de outro jeito".

Não é uma declaração inovadora, mas essa música fez com que jovens mulheres no mundo inteiro desafiassem a realidade de hoje. Não há nenhum efeito colateral negativo nisso. É feminismo envolto em uma batida alegre e animada, confrontando o fato de mulheres serem julgadas segundo outros padrões quanto à sua sexualidade, questionando o que faz alguns elogios serem atrelados a gênero, de modo que homens são vistos como “alfa”, e mulheres, como “assustadoras e mandonas”, além de apontar que o sucesso nos negócios é muito mais fácil para os homens.

Cada jovem mulher (e jovem rapaz!) que ouve e aprende a letra está assimilando essas desigualdades. Se Taylor Swift ajuda você a iniciar uma jornada de reflexão quanto à importância de lutar por seu espaço, por seu gênero, sexualidade, raça ou identidade, então esse é um passo na direção certa.

Taylor Swift é uma mulher incrivelmente rica. Quando o ex-DJ David Mueller abriu um processo de três milhões de dólares contra ela em 2015, ela revidou. Taylor não queria dinheiro: queria justiça pela agressão sexual que havia sofrido por parte dele. Ela contra-atacou Mueller pedindo 1 dólar e ganhou o caso, falando abertamente sobre a experiência que teve quando ele a apalpou durante uma sessão de fotos e ela apresentou uma queixa, que resultou na demissão dele.

Swift proclamou que estava fazendo isso não apenas por si mesma, mas também para se posicionar em nome de todas as mulheres que sofrem violência sexual nas mãos de homens. Ela também doou duzentas e cinquenta mil libras para Kesha, permitindo que a estrela pop continuasse o julgamento contra seu agressor, Dr. Luke, e oferecendo-lhe apoio financeiro e emocional.

Essas ações que Taylor incita mudam vidas. Ela estabelece um padrão e tem uma postura moral clara quando se expõe publicamente; é fascinante observar quando ela ataca e quando fica em silêncio.

You Need to Calm Down[35]

Existem muitas teorias circulando pela internet sobre a sexualidade de Taylor Swift – e vamos nos aprofundar nesse assunto mais adiante. Mas e quanto ao seu apoio à comunidade queer? Ela é uma aliada altruísta ou só faz *queerbaiting*[36], como alguns comentam na internet? Será que Taylor Swift está lucrando ao se envolver com uma comunidade da qual ela não faz parte ou será que ela está apoiando os fãs LGBTQ+ e os ajudando a fazer barulho, a ter orgulho?

"You Need To Calm Down" foi o principal single de Swift em 2019. O videoclipe da música mostrava Taylor em um trailer celebrando a comunidade queer, rodeada de figuras queer proeminentes, como Ellen DeGeneres, Adam Lambert, RuPaul e o elenco de *Queer Eye*. "You Need To Calm Down" dá aos fãs de Taylor Swift um hino em apoio à comunidade queer, embora sua mensagem incorpore outras dificuldades pessoais (fala sobre o ódio do qual ela mesma é alvo, do qual as mulheres são alvo, do qual as pessoas queer são alvo). Há muito o que analisar em quatro minutos.

A música foi lançada para coincidir com o mês do orgulho em 2019 e

[35] Referência à música "You Need To Calm Down", do álbum *Lover*, lançado em 2019; significa "você precisa se acalmar".
[36] Apropriar-se da causa LGBTQ+ para ter retorno financeiro ou ganhar popularidade.

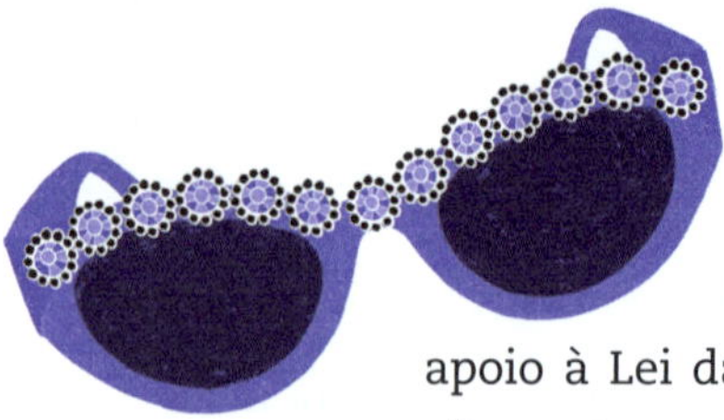

encerrava com uma declaração por escrito de Swift pedindo aos fãs que assinassem sua petição em apoio à Lei da Igualdade. Essa petição recebeu quase oitocentas e cinquenta mil assinaturas. Os relatórios também afirmam que as doações ao GLAAD[37] aumentaram devido ao lançamento da música.

Tudo isso é ótimo, e na era *Lover* ela certamente brincou com a demonstração de um ponto de vista político que se alinhava com a mensagem do documentário *Miss Americana*. Por que ela recebe críticas? Há duas coisas em jogo: em primeiro lugar, as celebridades serão sempre examinadas ao apoiar uma causa pessoal que talvez não as afete diretamente. Em segundo lugar, é difícil ignorar que a combinação desse apoio com um produto comercial – neste caso, um single – vai inevitavelmente gerar lucros, bem como aprovação pública.

É difícil reconhecer a si mesmo, como pessoa queer, ao ver sua imagem refletida em alto e bom som por uma megaestrela heterossexual.

O que afeta o sucesso da carreira de Taylor Swift neste caso também afeta a vida privada e os momentos particulares de algumas pessoas.

[37] *Gay & Lesbian Alliance Against Defamation*, ou "Aliança Gay e Lésbica contra a Difamação".

Em última análise, podemos presumir que Taylor queria usar sua crescente visibilidade para ajudar uma comunidade que constitui grande parte de seu fã-clube e fincar a bandeira no chão como uma aliada (ou, se quisermos acreditar nos rumores, como parte da comunidade. Novamente, voltaremos a isso). Mas consigo entender a sensação desconfortável que isso gera, especialmente quando essas declarações costumam ser tão fugazes quanto suas Eras. A filantropia pública e as mensagens dela meio que... acabam assim que a grande declaração é feita. Os fãs querem mais, e, se Taylor se coloca dentro ou ao lado dessa comunidade, pode haver uma expectativa de que ela continue levantando a bandeira e ofereça apoio constante.

Mas como ela poderia fazer isso junto com todo o resto?

Vigilante Shit[38]: Taylor Swift, a mulher de negócios

É um mundo cruel para as mulheres que ousam falar com orgulho sobre dinheiro e negócios.

Como fã-clube, quando pensamos em Taylor Swift estamos sempre dispostos a elogiar sem limites a mulher poderosa que ela é, sua ampla experiência e a sagacidade dela nos negócios – a chefe de tudo o que fornece. Ela participa de cada decisão tomada, de cada trabalho criativo que realiza, e isso é algo a se admirar.

[38] Referência à música "Vigilante Shit", do álbum *Midnights*, lançado em 2022; significa "coisas de justiceira".

Celebrity, de Sean Redmond, nos lembra que os principais objetivos das celebridades que nos rodeiam é ganhar dinheiro e fazê-lo circular na sociedade. Sabemos que a Eras Tour de Taylor Swift literalmente mudou a economia nos países por onde ela passou – e prevê gerar cinco bilhões de dólares em gastos de consumo só nos Estados Unidos. Nosso mundo gira em torno do dinheiro, e os ricos estão indiscutivelmente mais ricos que nunca: incluindo Taylor Swift.

Se Taylor é talvez uma das pessoas mais ricas do mundo, por que nós, meras pessoas normais da sociedade, nos identificamos tanto com ela?

Ser fã de Taylor Swift é simplesmente CONHECÊ-LA. Os fãs de longa data, aqueles como nós que a acompanharam na jornada rumo à fama por mais de uma década, a viram crescer e aprender, a viram falhar e errar feio... Nós a animamos enquanto ela escalava novas alturas e choramos com ela em sua queda ao fundo do poço. Mesmo um contato casual com o trabalho de Taylor te aproxima mais dos pensamentos íntimos dela do que você jamais chegará de alguns amigos ou familiares.

E família é para dar suporte, não é? Queremos que Taylor continue ganhando dinheiro para que continue fazendo arte. Assim, podemos continuar vivenciando isso tudo e mostrando nossa gratidão. *Toma aqui meu dinheiro*, todos nós gritamos! Quatro edições de um vinil que só podemos encomendar por um número finito de horas? Quero. Centenas de dólares em ingressos para assistir ao show quase do telhado do estádio? Vou pegar meu cartão de crédito. Estamos enchendo nossos guarda-roupas com produtos da Taylor Swift e nossas prateleiras com vinis, mesmo sem sequer ter um toca-discos.

Ser fã de Taylor Swift é simplesmente CONHECÊ-LA.

Muitos de nós amam mais a Taylor Swift que a própria saúde financeira.

No entanto, é comum ficarmos contentes em esquecer que Taylor Swift é rica. Nossa garota é *rica* de verdade. Sarah Chapelle administra a conta do Instagram @taylorswiftstyled. Mais de duzentos e trinta mil seguidores esperam que Sarah nos atualize sobre as roupas de Taylor, fornecendo a nós, fãs, as informações de que precisamos para potencialmente comprá-las, ou pelo menos admirá-las.

A presença de Taylor no casamento de Jack Antonoff em maio de 2023 foi documentada em detalhes. Podemos comprar as roupas que ela usou graças à extensa pesquisa de Sarah. Mas isso vai custar quarenta mil dólares. Vamos lá: foram dois mil dólares pelo vestido, oitocentos dólares pelos sapatos Gucci, e, citando nossa famosa amiga, *are you ready for it?*... trinta e seis mil dólares em joias e acessórios. Isto é, no fim das contas, o salário anual de alguém. Ela ficou fabulosa? Sim. Nós a associamos a esse tipo de riqueza? Não com a frequência que deveríamos.

O ensaio de Paul Théberge na edição de julho de 2021 da *Contemporary Music Review* fala com mestria sobre a visão política e empresarial de Taylor, enfatizando em sua parceria exclusiva com a Ticketmaster e na introdução de precificação dinâmica à turnê *Reputation* em estádios no ano de 2018.

Apesar da extensa leitura que fiz para me preparar para a compra dos ingressos da Eras Tour, não conseguia entender o que significava precificação dinâmica – dou crédito total a Théberge por explicar o termo tão perfeitamente que agora posso explicá-lo a você que está lendo este livro. Muito obrigada, Paul!

A precificação dinâmica é uma tática usada pelos vendedores para evitar que cambistas comprem ingressos na venda inicial; eles aumentam os preços e retêm uma porcentagem das vendas até a noite do show. Combinada com o uso da nova plataforma *Verified Fan* da Ticketmaster, essa estratégia ajudaria Swift a fazer os ingressos chegarem ao fã-clube durante a turnê *Reputation*. Isso também aumentaria as vendas líquidas de Swift em aproximadamente um milhão e quatrocentos mil dólares *por show*. Em total contraste com a perda de mais de cem milhões de dólares em vendas para cambistas durante a turnê mundial de *1989*, as finanças do público sofreriam ligeiramente com essa abordagem, mas as de Taylor disparariam.

Também sabemos que Taylor adora quebrar recordes. O uso de precificação dinâmica garantiu que, apesar de não ter esgotado, a turnê de *Reputation* quebrasse os recordes de bilheteria da própria Taylor. Dá para ver que ela está prestes a quebrar esse recorde novamente com a Eras Tour, com cento e quarenta e seis shows agendados no mundo inteiro.

A Eras Tour inspirou e encantou centenas de milhares de pessoas. É um fenômeno. A internet toda comenta a mesma coisa:

Vale o custo. Qualquer custo.

Podemos colocar um preço no que nos faz felizes?

Em última análise, é importante lembrarmos que nossos ídolos são empresários. Taylor, mais que muitos de seus colegas famosos, é muito transparente quanto a isso. Ela nos ensina que as mulheres podem – e devem! – falar sobre feminismo, desigualdade e negócios, devem ser ambiciosas e querer ganhar dinheiro com trabalho árduo. Devemos reconhecer que Taylor Swift é extremamente rica e compreender por que isso a torna (e torna a vida dela) diferente de nós. Mas é importante ver uma mulher em uma indústria liderada por homens lutando por seu direito de ser representada honestamente, de priorizar a si mesma e aos seus fãs, de tomar decisões empresariais numa escala tão alta. E está mudando a mentalidade dos jovens quanto às possibilidades.

CAPÍTULO 12

I DID SOMETHING BAD[39]

Atribuindo responsabilidade às celebridades e anti-heróis famosos

[39] Referência à música "I Did Something Bad", do álbum *Reputation*, lançado em 2017; significa "eu fiz algo ruim".

Ser famoso traz consigo responsabilidades, e às vezes as celebridades erram. E erram feio.

Todas as coisas sobre as quais falamos até agora – feminismo, representação queer, mudanças climáticas e muito mais – são importantes. Para criar uma sociedade melhor, precisamos ser capazes de lançar luz sobre os sistemas de crenças problemáticos que ainda assolam o nosso mundo. Movimentos como o MeToo e o Black Lives Matter ("Vidas Negras Importam") vêm crescendo rapidamente nos últimos dez anos, provocando enormes ondas e ganhando bastante apoio, além de gerar protestos e discussões em torno de mudanças climáticas, guerra, transfobia, neutralidade corporal e muito mais.

São temas pesados, um fardo enorme para qualquer pessoa carregar, e as redes sociais garantem que esses movimentos de rápida propagação pressionem a todos nós. As celebridades são uma voz de influência no mundo, mas também em nosso coração, e queremos que elas se envolvam nos assuntos que lhes interessam. Como elas podem fazer isso sem errar?

Speak Now[40]: plataformas virtuais e responsabilização

Quem tem uma plataforma virtual precisa tomar decisões difíceis. Pode falar em alto e bom som sobre os problemas do

[40] Referência ao álbum *Speak Now*, lançado em 2010 e relançado em 2023; significa "fale agora", como na frase dita durante uma cerimônia religiosa de casamento: "fale agora ou cale-se para sempre".

As celebridades são uma voz de influência no mundo, mas também em nosso coração, e queremos que elas se envolvam nos assuntos que lhes interessam.

mundo e ouvir que está sendo hipócrita e irritante ou pode ficar off-line por vinte e quatro horas e perder um grande movimento político – e ser duramente criticado por não aumentar a conscientização.

Em 25 de maio de 2020, o homem negro George Floyd, de 46 anos de idade, foi assassinado em Mineápolis por um policial branco. A morte de Floyd foi filmada e instantaneamente viralizou na internet, no meio de uma pandemia global. Seu assassinato desencadeou a intensa fúria que nos levou ao movimento *Black Lives Matter*. As pessoas estavam indignadas, tristes e com medo.

O movimento marcou um período extremamente importante nas guerras raciais que permeiam nosso mundo, e durante semanas houve uma forte concentração de esforços para conscientizar a população dos direitos e da dor dos negros. Isso gerou um tsunami nas redes sociais. Celebridades, marcas, pessoas como você e eu levantaram a cabeça para comentar sobre o assunto ou mostrar empatia enquanto alguns recuavam para dar espaço e empoderar a voz dos negros.

Apesar de todos os problemas das redes sociais, podemos ser gratos pela capacidade que elas têm de nos despertar para algumas dessas realidades horríveis.

Muitas figuras públicas e pessoas famosas cometeram erros naquele momento, mas vamos falar sobre o McFly. Banda pop britânica muito amada, McFly começou a existir em um mundo onde não havia responsabilização nas redes sociais. As divulgações aconteciam por meio de revistas impressas e programas como *Top of the Pops*, e as interações com o público limitavam-se a shows ao vivo e *meet and greets*.

Em comemoração ao lançamento de seu primeiro álbum em dez anos, que ocorreria em breve, o McFly anunciou produtos exclusivos e de edição limitada para os fãs poucos dias após a morte de George Floyd. A ação foi recebida com fortes críticas e reações adversas.

Talvez você não tenha pensado antes que um assassinato insensível e cruel teria alguma influência no lançamento de novos produtos de uma banda de pop rock. McFly é uma banda muito querida, e os quatro homens que formam a banda parecem ser pessoas boas que se preocupam com questões sociais. Quando se dá um passo em falso, no entanto, não há espaço para nuances nem explicações. Se os usuários das redes sociais ficam incomodados, a situação pode furar a bolha de fãs e ser vista de muitos outros ângulos. O que se espera é um pedido de desculpas sincero, e, quando isso não acontece, o nome do infrator fica manchado. O McFly recebeu dois tipos de crítica: é muito inadequado pensar em ganhar dinheiro quando o resto do mundo está de luto e não houve consideração alguma ao fazer um lançamento que poderia ter sido adiado. É um tempo diferente dos primeiros anos de fama do McFly. Os fãs são obstinados e não hesitam em usar a voz para anunciar sua insatisfação em alto e bom som. Não há filtro e não há mediador para suavizar o golpe.

Será que alguma declaração, no entanto, nos permite manter a calma e seguir em frente? O ativismo seletivo é comum entre as celebridades (na verdade, é comum entre todos nós) – afinal, é praticamente impossível assimilar e promover todas as causas. Vemos Taylor Swift se inclinar para o feminismo, defendendo as mulheres e apontando as injustiças que elas sofrem. Algumas figuras públicas optam por não se envolver em nada. Isso pode causar alguns danos imediatos, mas não costuma causar impacto na imagem delas a longo prazo. Os fãs do McFly ainda amam o McFly, e no fim das contas acabaram comprando os produtos de pré-lançamento. Será que esses fãs, ou o McFly, fizeram alguma coisa errada?

Nós ainda não descobrimos o que fazer nessas situações, e, se *nós* não sabemos direito, é difícil esperar que as bandas e suas equipes de comunicação saibam.

O que sabemos, e pudemos observar com "We Need To Calm Down", é que as pessoas não gostam de ver celebridades ganhando dinheiro em tempos de conflito. É quase como se preferíssemos fingir que os ídolos dos quais somos fãs não estão trabalhando. Duas coisas podem ser verdade ao mesmo tempo: as celebridades podem, sim, ser ricas *e também gratas* pelo seu fã-clube. Elas também são humanas. E humanos cometem erros. Então, em meio a toda essa raiva e responsabilização, como nós, fãs, podemos ajudar nossos humanos favoritos a acertar?

No livro *Monsters*, de Claire Dederer, ela se refere a algo que chama de "a mancha". Essa "mancha" é criada quando as nossas queridas celebridades ficam marcadas – ou manchadas – por suas ações. Há muitos exemplos sérios disso: os filmes de Woody Allen não podem ser apreciados da mesma maneira desde as acusações de agressão sexual tornadas públicas durante o movimento MeToo de 2017; J. K. Rowling, que antes era uma autora infantil tão amada e estimada, tem opiniões pessoais que causaram enorme polêmica e perturbaram milhares de fãs de Potter que cresceram com seu mundo mágico. Como é que nós, no papel de fãs, justificamos nossa admiração nessas circunstâncias?

Há uma mudança interessante acontecendo na sociedade. Os jovens estão crescendo em um mundo onde há menos tolerância para erros, e as ações irregulares das celebridades são julgadas em uma velocidade impressionante. A cultura do cancelamento está mais forte que nunca e se intensifica de maneiras experimentais que mudam constantemente. Queremos um mundo mais responsável, com pessoas de mente mais aberta e acolhedora, ao mesmo tempo que estamos decididos e determinados a eliminar os membros podres do nosso ecossistema.

É um trabalho em andamento, e nenhum de nós conseguiu acertar até agora. Somos guiados pela nossa intuição de fã e pela compreensão que temos dos ídolos que adoramos, mas ainda estamos aprendendo a enxergar nuances nas celebridades com as quais estamos menos familiarizados ou naquelas cuja imagem não nos passa muita confiança.

Em um mundo de tolerância zero, será que estamos capturando os vilões certos?

Tchau, mana

Da comunidade política à... comunidade de beleza?

Estamos descobrindo que a internet é um lugar muito estranho, e acontece que uma das derrocadas de maior visibilidade na internet aconteceu por causa de gominhas vitamínicas para o cabelo.

James Charles é um influenciador de beleza com 24 milhões de inscritos no YouTube. Em 2019, aos vinte anos, James mantinha amizades aparentemente sólidas com criadores tão aclamados quanto ele: Tati Westbrook, Shane Dawson, Jeffree Star – todos eles criadores de conteúdo sobre as últimas tendências de beleza, as máscaras de maior eficácia e que depois postam desafios como "maquie usando iluminador no rosto inteiro". Era uma comunidade que não parecia problemática, mas tudo se desfez em um período de quarenta e oito horas, quando um elo da cadeia de lealdade se rompeu.

Tati postou um vídeo de quarenta e cinco minutos intitulado "Bye, Sister"[41], expondo as supostas controvérsias ocultas de James devido a um desentendimento envolvendo a nova linha de vitaminas capilares dela, pois na mesma época James fez publicidade de um produto cuja marca era concorrente da marca de Tati.

[41] James Charles começa todos os seus vídeos dizendo "Hi, sisters!", que pode ser traduzido como "Oi, manas!".

O que aconteceu depois disso foi uma completa loucura. O vídeo de Tati também criticava Dawson e Star, e levou todas as partes envolvidas a postar vários vídeos, lives no Instagram, tweets e retaliações que ameaçaram arruinar a carreira de James. As múltiplas acusações, humilhações e, em última análise, as distrações a que cada um recorreu para tentar salvar a própria pele fizeram com que toda a internet assistisse à queda de seguidores de James, Shane, Jeffree e Tati no YouTube como uma montanha-russa ao vivo no site de rastreamento de dados *Socialblade*.

Os fãs têm o poder de criar ou destruir influenciadores e sua renda.

Essa talvez tenha sido a primeira percepção desse fenômeno em uma situação extrema, e os fãs se deram conta do poder que eles têm ao julgar esses YouTubers superficiais como redundantes ou relevantes, e com isso esses criadores podem ir à falência enquanto colapsam.

O que nos deixa *mesmo* em parafuso é quando celebridades e ícones se colocam do lado errado do nosso *ethos* socialmente correto de propósito. Isso nos deixa *loucos*. Mas... essas pessoas ainda têm seus fã-clubes e, como tal, uma maneira diferente de desvendar seus atos rebeldes.

Anti-hero[42]: celebridades relutantes e os fãs que os amam

Claire Dederer também nos fala sobre outro "monstro" social: os disruptores.

Em Manchester, no ano de 2014, uma banda chamada The 1975 – composta de amigos de faculdade – começou a fazer sucesso. Liderados pelo vocalista Matty Healy, o som divertido e melodioso da banda combina música eletrônica, punk pop e influências dos anos 1980 e 1990, além de composições irônicas e ácidas. Eles eram um pouco sujos, nada educados e ficaram instantaneamente populares.

Assim começou a ascensão do The 1975. A fama deles se espalhou pelo mundo depressa. Matty Healy é dotado das características típicas e atraentes de um *frontman* millenial: uma energia persuasiva, embora incrivelmente estranha; uma atitude esquisita com a qual muita gente se identificava, mas que o fazia parecer ter vindo de outro mundo; uma voz angelical e suave, mas que gritava enfurecida e gerava uma confusão de contradições. Matty, acima de tudo, tem presença de palco para dar e vender, e os fãs se acabam ao consumir cada partezinha esquisita, maravilhosa e maluca dele.

Agora, eu não vejo uma maneira de escrever um livro sobre Taylor Swift e fingir que Matty Healy não desempenha um papel de destaque na era das Eras. Mas falaremos disso mais adiante.

42 Referência à música "Anti-hero", do álbum *Midnights,* lançado em 2022.

Um fato sobre Matty Healy: ele fala abertamente sobre o relacionamento que tem com seus fãs *versus* o relacionamento que tem com a fama. De tempos em tempos ele flerta com polêmicas, e a relação dele com a fama é complicada. O vocalista e sua banda são musicalmente talentosos, e as letras que escrevem são autoconscientes, politizadas. Matty Healy é a representação máxima do anti-herói e divide a internet.

"Love It If We Made It" é uma música que enfatiza a raiva e o sofrimento gerados pela condição atual da sociedade e das pessoas que a regem. A performance ao vivo é enriquecida com puxões de cabelo furiosos e é altamente eficaz em montar o cenário para as gerações futuras que estão herdando um mundo muito mais desafiador do que Healy e seus companheiros de banda conheceram enquanto cresciam. A música faz referência a algumas das maiores desgraças que acometeram a sociedade nos últimos anos: o comportamento e o poder perigoso de Donald Trump, a morte de crianças refugiadas, o assassinato de homens negros. O verso final da primeira estrofe, "Modernity has failed us"[43], diz muito sobre como Matty Healy e sua banda se sentem em relação à sociedade e às pessoas no poder hoje.

Com um tom similar, em "Being Funny In A Foreign Language", Healy pede desculpas aos jovens de dezessete anos que vivem no mundo de hoje – um pedido de desculpas

[43] "A modernidade falhou conosco."

assustadoramente comovente pela bagunça no mundo que foi deixada para os adolescentes de hoje limparem.

Mas... existe o outro lado do The 1975. Existe tudo aquilo a que os Swifties se opuseram. Existe o *alter ego* Truman Black. Existe... Matty Healy. Não podemos simplesmente ignorar essas coisas. Não seria justo escrever sobre a cultura do cancelamento sem reconhecer que Matty Healy tem uma ou duas coisas a aprender sobre como ser uma figura pública responsável. O Festival de Música de Dubai em 2023 – já depois do grande protesto em torno de um relacionamento recente com Taylor Swift (de novo, prometo que voltaremos a isso) – viu a persona Truman Black de Matty Healy retornar com tudo depois de um breve hiato, causando polêmica e gerando protestos. O TikTok não perdeu um segundo da coisa toda.

Depois de concordar em aparecer no festival, Healy e sua banda subiram ao palco como se estivessem prontos para se apresentar. Em vez disso, o que se seguiu foi um sermão insuportável, quase professoral, de Healy sobre a opressão na cultura de Dubai. A intenção, talvez, fosse... boa? Estamos sempre pedindo às nossas figuras públicas que sejam disruptivas e se posicionem contra sistemas de crenças problemáticos. O resultado foi péssimo. Já com cartão amarelo depois de uma onda de entrevistas ruins, comentários inaceitáveis e ações muito problemáticas, a busca de Healy por atenção por meio de drama político causou indisposição na internet e no próprio evento.

Mais uma vez, nós nos encontramos em uma posição difícil: se as nossas celebridades não são politicamente engajadas, ficamos desapontados com elas. Se são politicamente engajadas, podem estragar a experiência dos fãs em um país marginalizado, ou irritar sobremaneira legiões de opositores expectantes que contam com o próprio alcance e influência.

Então, o que queremos? Queremos que nossas celebridades tenham um lado ativista ou só queremos ouvir o pronunciamento de quem gostamos? Pedimos que se posicionem, mas só se for o posicionamento a que somos favoráveis?

As celebridades têm autorização para ser complicadas? Elas têm autorização para fazer besteira?

Em uma entrevista ao *New Yorker* em maio de 2023, Healy foi questionado a respeito das pessoas que se incomodam com o seu comportamento e reclamam na internet. Sua resposta (polêmica) foi:

> *"Se as pessoas ficam magoadas é porque estão se enganando ou, desculpe, são mentirosas. Estão mentindo quando dizem que estão magoadas ou têm um parafuso a menos por se magoarem. É gente que diz: 'Ah, tem uma coisa ruim acontecendo ali, vou me aproximar o máximo possível dela para vocês verem que pessoa boa eu sou'."*

Esse trecho da entrevista também viralizou nas redes sociais quando foram reveladas as controvérsias envolvendo o namoro do vocalista com Taylor Swift, e foi acrescentado à lista de infrações do cantor, irritando seus novos críticos como se fosse uma resposta direta ao comportamento deles (era uma infeliz coincidência, já que a entrevista havia sido feita meses antes de os rumores surgirem).

Por que nos importamos tanto? Será que temos um parafuso a menos?

Matty Healy tem seu próprio fã-clube dedicado. O que eles enxergam que os outros não enxergam? A verdadeira natureza do homem por trás da máscara? O enorme contraste entre os tweets de crítica e a lealdade inabalável de seu fã-clube é intrigante, mas o que sabemos é: as pessoas o amam e as pessoas o odeiam. Aquelas que o amam se esforçam para entender as nuances do "verdadeiro" Matty, e, em uma reviravolta interessante, sinto que muitas vezes são as letras do The 1975 que – assim como as de Taylor – conduzem os fãs à verdadeira substância do artista e promovem o contexto que falta nas manchetes.

Será que os fã-clubes apoiam cegamente pessoas problemáticas ou será que enxergam a verdadeira pessoa por trás de tudo? Cabe a nós decifrarmos o que há de bom nas celebridades que disparam comentários indelicados e agem de maneira questionável? Isso é prova de quanto tempo e recursos os fã-clubes dedicam para conhecer a pessoa por trás da banda ou da marca, e é também um indicador de como esses fã-clubes podem operar uns contra os outros caso se esbarrem em termos instáveis.

Sinceridade assusta[44]

Se você ainda não assistiu à entrevista de Louis Theroux na BBC com Yungblud, deveria. É fascinante. Yungblud, para quem ainda não sabe, é Dominic Harrison, um jovem de 26 anos, nascido em Doncaster, que alcançou fama quase instantânea por causa de sua música punk-indie altamente emotiva e pesada. Ele tem um fã-clube obstinado e já está embarcando em turnês globais para alimentar a paixão deles por seu talento artístico.

No cerne do apelo de Yungblud há uma dedicação inabalável pelos fãs. Seu relacionamento com o resto da fama, no entanto, é muito menos confortável. “Hated”, single lançado em setembro de 2023, documenta isso de maneira muito vulnerável e detalhada – a tensão no relacionamento com sua família devido à sua sinceridade na mídia, as exigências impostas à sua pessoa tal como ela é percebida pelo público, a fama cheia de altos e baixos que o cercou desde tão jovem. A canção também é de uma transparência extraordinária quanto à agressão sexual que ele sofreu na infância.

Yungblud parece dar extraordinária importância à sua responsabilidade para com os jovens fãs. Na entrevista com Theroux, ele aparece no palco e fora dele – meio alto e intensamente assombrado pela necessidade de proporcionar bons momentos aos fãs e mostrar sua total disponibilidade para eles. Foi assim que o artista construiu um fã-clube investido, e fica claro que ele não busca aceitação como celebridade, mas como

[44] Referência à música “Sincerity is Scary”, da banda The 1975.

o cara que pode ajudar e auxiliar aqueles jovens de alguma maneira.

O que Yungblud está fazendo nós já vimos antes; desde quando existem celebridades existem aqueles que nadam contra a corrente, que vão na contramão do que a sociedade espera de uma rebelião punk. Esses disruptores, em nome de seus fãs, muitas vezes abriram caminhos na indústria musical para ajudar os rebeldes do mundo a se sentirem vistos. My Chemical Romance era um ícone do movimento emo. Paramore e Avril Lavigne deram voz ao pop punk feminino para que nomes como Billie Eilish pudessem ir mais longe, com uma atitude que grita "quem dá a mínima?" para a própria fama. Billie Eilish, em particular, evitou se adequar aos ideais de beleza, para dar aos excluídos uma maneira de se sentirem ouvidos, não apenas vistos.

O que Yungblud e Matty Healy têm em comum? Além da devoção aos fãs, eles compartilham a ideia de que a fama é um efeito colateral indesejado da arte.

A fama é uma consequência necessária de levar música, pensamentos e ideias a um público que tem uma mentalidade semelhante.

Disruptores como Yungblud e Healy são famosos como resultado de seu talento e, particularmente no caso de Yungblud, da capacidade que ele tem de se conectar com os fãs. A persona torturada e problemática de Yungblud (não que ele não sinta essas coisas de verdade; refiro-me aqui à escolha dele de assumir essa apresentação. Esse é o Yungblud que vemos e com o qual nos identificamos) é como catnip para adolescentes e jovens adultos que passam pelas mesmas situações sobre as quais ele canta. A intensidade dos sentimentos, do cuidado e da responsabilidade para com os jovens fãs se faz sentir, ampliando a conexão que os fãs têm com ele.

Mas Dominic Harrison não se sente confortável com a fama. Ele está, ao lado de outros, à beira da cultura do cancelamento, pois muitos espectadores (muitas vezes de gerações mais velhas) são incapazes de entender por que ele é famoso – e é importante que nós, como fãs e consumidores de conteúdo, encontremos uma maneira de entender por que justificamos o comportamento de nossos ídolos, mas criticamos as celebridades com as quais não nos conectamos quando elas fazem besteira.

Deixo para vocês a declaração de Healy, também da entrevista ao *New Yorker*:

> *"Não estou tentando ficar famoso, eu quero ser conhecido pelo que faço. Mas hoje em dia a fama vem de ser conhecido por quem você é. E as pessoas são complicadas. Se querem me fazer ficar tão famoso, vou garantir que precisem se esforçar bastante para isso".*

UMA ENTREVISTA COM...
Holly Bourne
(Autora de bestsellers para jovens)

Você é fã da Taylor Swift? Por quê?

Eu sou! Mas não tinha me dado conta de que era *tão* fã até enlouquecer tentando conseguir ingressos para a Eras Tour (agora tenho três pares!). Eu sabia que amava a música da Taylor e tinha muito respeito pelo lado empresarial dela como pessoa criativa e autônoma, sempre tive um enorme respeito profissional por ela. Mas, sim, obviamente sou ainda mais fã do que eu imaginava!

O que mais me cativa são as letras e a habilidade narrativa. Acho que ela é um gênio. *1989* foi a minha era, quando descobri Taylor. Lembro-me de achar "Blank Space" um hit fenomenal, mas que também pegava essa narrativa midiática sobre ela e a satirizava, a assumia e a transformava em um dos maiores sucessos pop de todos os tempos. Liricamente, ela só foi criando uma obra-prima atrás da outra. Para mim ela é um gênio, de verdade.

O que precisamos saber sobre o feminismo caso nunca tenhamos nos envolvido ativamente na causa? E como podemos nos envolver?

O feminismo é benéfico para todos os seres humanos do planeta. É um processo de aprendizagem que dura a vida toda. Significa coisas diferentes para pessoas diferentes, mas, em essência, é lutar pela igualdade entre todos os seres humanos. A parte "fem" da palavra aborda o fato de que, historicamente, as mulheres no mundo inteiro sofrem maiores perdas em comparação com os homens. Trata-se de abordar o fato de que as mulheres precisam ser capazes de defender seus direitos humanos.

Como você entende o feminismo de Taylor Swift?

É importante dar um contexto histórico à jornada feminista de Taylor reconhecendo que ela atingiu a maioridade nos anos 1990, que era um deserto para o feminismo. Todos diziam que era um movimento desnecessário. Ela ficou famosa e passou a viver aos olhos do público antes da quarta onda do feminismo, MeToo, Roe x Wade etc. A maneira e a época em que ela encontrou o feminismo não se afastou muito da experiência de muitas outras mulheres de sua geração. A jornada de aprendizagem dela obviamente aconteceu nesse cenário global, então ela cometeu erros, como todos nós cometemos. Mas, quando um de nós diz algo estúpido em um jantar, acaba por ali; já Taylor fala para um grande público.

Tem sido interessante ver o feminismo dela crescer e se desenvolver. "The Man" é nível básico, centrada em Taylor, fala apenas da experiência dela, enquanto "Tolerate It" é uma música feminista incrivelmente sofisticada sobre abuso emocional e conta uma história que não é sobre ela, mas uma situação com a qual muitas mulheres podem se identificar.

Como autora, você acha que é difícil para os fãs separarem a produção criativa da vida real? Acha que Taylor escreve relatos fictícios nas músicas dela?

Creio que seja muito difícil para eles. Mesmo as pessoas que nos conhecem muito bem têm dificuldade, e essa é uma das partes mais complicadas de ser uma pessoa criativa. As pessoas interpretam sua escrita pelo viés pessoal, ainda que você diga categoricamente que se trata de ficção. É necessário afastar esse pensamento pelo bem da criatividade, caso contrário você fica com muito medo de escrever qualquer coisa. A honestidade da escrita de Taylor é uma grande inspiração para mim, e espero que uma das marcas registradas da minha escrita seja o fato de eu abordar etapas mais desconfortáveis do processo de pensamento das mulheres. Preciso de coragem para escrever essas coisas porque sei que as pessoas vão achar que aqueles são os meus pensamentos, as minhas atitudes.

Minha carreira está em uma pequena escala comparada à carreira de Taylor, e ainda acho que faço isso com ela e com as composições dela, ainda que o mesmo aconteça comigo. Não dá para evitar.

Escrever como ela e saber que um milhão de pessoas vão ler e tirar as próprias conclusões demonstra muita coragem.

CAPÍTULO 13

YOU'RE ON YOUR OWN, KID[45]

Fã-clubes obscuros e ships secretos

[45] Referência à música "You're on Your Own, Kid", do álbum *Midnights*, lançado em 2022; significa "você está por conta própria, criança".

Durante o *lockdown*, descobri que precisava urgentemente me distrair da voz em minha cabeça que não parava de anunciar desgraça e tristeza. Minha rotina antes era corrida, eu estava sempre fora de casa, andando por aí, e de repente estava presa dentro de casa. Foi quando me perguntei: o que faço agora? Como vou fazer os dias passarem?

Então me lembrei do The Sims da EA. Eu tinha por volta de treze anos quando joguei The Sims pela primeira vez, e voltava a jogar sempre que os compromissos da vida diminuíam e me sobravam algumas horas livres. The Sims 4 é um jogo de computador que vai exigir de você horas de dedicação se quiser jogar direito. Suga o tempo como um aspirador de pó. Decidi que seria a distração de *lockdown* perfeita. Então, em vez de reassistir aos mesmos filmes ou ler as catastróficas notícias globais, eu ia me distrair... jogando The Sims.

The Sims sempre ofereceu aos usuários uma ótima forma de escapismo e criatividade. Quando eu era mais jovem e comecei a explorar a escrita criativa, The Sims estava lá para me ajudar a criar mundos, histórias inteiras e ver tudo isso ganhar vida na tela do meu laptop. Existem algumas maneiras de jogar. Você pode acompanhar os mundos que já existem – completos, com personagens, casas pré-construídas e enredos básicos – ou, se gostar mais da óptica da coisa, talvez prefira ser um "construtor" e criar as casas dos seus sonhos sem limites (ou dentro do orçamento, se não usar códigos de trapaça, como todos nós fazemos), o que traz ao jogador o formato de jogos familiares como Rollercoaster Tycoon ou Theme Hospital.

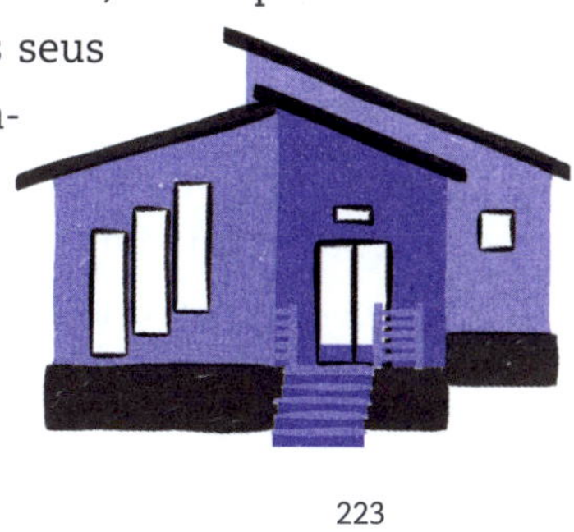

Acho que a maneira como a maioria das pessoas joga é criando os próprios Sims e construindo as próprias histórias. The Sims é estruturado ao redor de marcos que vivenciamos na realidade: o primeiro lar, a primeira desilusão amorosa, o primeiro emprego, casamento, bebês, morte. Tudo o que você imaginar pode viver no The Sims. Também há uma abundância de pacotes de expansão, em que os jogadores podem adicionar mundos insulares, animais de estimação e estilo de vida de fazenda, reinos mágicos e muito mais.

Então eu comecei a jogar de novo e fiquei totalmente absorta. Eu tinha razão: as horas desapareceram, e a tristeza do confinamento diminuiu um pouco. Minha imersão levou a uma exploração mais profunda, afinal eu tenho mentalidade de fã e estou sempre disposta (até demais) a me envolver e ser recrutada em um novo mundo de fãs, muitas vezes como uma observadora silenciosa. Se gosto de alguma coisa, quero saber mais a respeito. Quero saber o que as outras pessoas pensam.

O que descobri foi o seguinte: há um *gigantesco* fã-clube de The Sims 4 on-line. O fã-clube não apenas cresceu rapidamente entre criadores do YouTube, fóruns do Reddit e streams no Twitch, mas também conseguiu influenciar o próprio jogo.

Sabemos que sempre existem maneiras interessantes como os fã-clubes se envolvem com o criador ou com o artista que admiram. Mas o que acontece quando se trata de um jogo, sem um rosto para identificá-lo? Com The Sims 4 – e outros na comunidade de jogos – os fãs podem formar essa conexão com os criadores que compartilham sua experiência de jogo on-line. Os criadores mais importantes estão no YouTube, alguns alcançando mais de dois milhões de seguidores.

Dois milhões de seguidores é uma quantidade enorme de pessoas. O fã-clube de The Sims 4 é um nicho, bem escondido para os muitos que jamais pensariam em caçá-lo, mas... a verdade é que não é *bem* um fã-clube de nicho, é?

Há outras pessoas no mundo que não sabem nada sobre o fã-clube de The Sims e, ainda assim, o ecossistema opera constantemente por meio das pessoas que se envolvem com ele e criam conteúdo para ele. Por que alguns fã-clubes são tão *underground* e o que isso significa?

Estamos entrando em um mundo em que cada canto da internet pode oferecer uma experiência única da cultura de fã?

Vejamos Kayla Sims (o sobrenome dela é Sims *de verdade*, e ela é uma SimsTuber). Kayla cria conteúdo online como @lilsimsie e tem apenas 22 anos. Ela iniciou seu canal no YouTube no ensino médio e vem crescendo há seis anos; já chegou a um milhão e novecentos mil inscritos. O que ela faz no YouTube? Só joga The Sims. Ela constrói casas e participa de uma variedade de desafios de construção definidos pela comunidade, joga *legacy challenges* com geração após geração das famílias Sims que ela cria. Kayla coinventou o famoso desafio Not So Berry, um objetivo de dez gerações de Sim, e cada uma delas tem um tema para manter a jogabilidade criativa e interessante.

Kayla faz lives todos os dias no Twitch por três horas para um milhão de seguidores. Seus espectadores são, é claro, fãs de The Sims 4, mas também são fãs de Kayla. Passam horas observando-a jogar um jogo que eles jogam. Qual é a graça? Enquanto eu estava trancada em casa e procurando uma fuga, ver alguém jogar The Sims era a expressão máxima do escapismo. É como ver TV ou um filme, mas recebendo comentários divertidos e espontâneos do criador, o narrador, em tempo real. Contadores de histórias como Kayla têm desenvoltura, transparência e honestidade, e talvez gerem um tipo de admiração nos fãs semelhante à dos Swifties. Kayla é igual a eles, os jogadores, mas tem uma plataforma para influenciar, inspirar e entreter. Kayla, em particular, também é muito aberta quanto à sua ansiedade e apoia a inclusão. Ela é esquisita, entusiasmada e, como nossa amiga, familiar.

Clare Siobhan é uma SimsTuber britânica casada com um dos maiores criadores de jogos, Ali-A. Clare e Ali têm mais de vinte milhões de inscritos no YouTube e são conhecidos por sua abordagem divertida e enérgica ao conteúdo de jogos. Clare joga The Sims de um jeito diferente de Kayla. Abraçando totalmente o mundo do "conteúdo personalizado" e os acessórios feitos por fãs, o canal de Clare se concentra na jogabilidade com Sims realistas e semelhantes aos humanos, acrescentando outro nível de imersão ao jogo.

Kayla e Clare, bem como outros SimsTubers proeminentes, como James Turner e Deligracy, e a criadora britânica Plumbella, fazem parte da iniciativa *Game Changers* da EA. É aqui que as coisas ficam realmente interessantes. Os *Game Changers* trabalham diretamente com a EA para melhorar The Sims e, estando na linha de frente como criadores, dão voz aos fãs. Eles também ganham acesso antecipado a novos pacotes e atualizações de jogos, e alguns estão até criando conteúdo original para esses pacotes.

Onde fica o limite que separa fã, influenciador e vendedor?

Como resultado, os últimos lançamentos de pacotes Sims refletem diretamente o que o fã-clube deseja: uma atualização da vida em família incluindo bebês mais realistas, um pacote de estilo britânico rural completo com vacas e crochê, e depois de anos da comunidade implorando por cavalos no jogo, finalmente chegou o pacote *Horse Ranch*.

É contagiante ver a paixão de Kayla pelo The Sims. Ela tem muita energia, é claramente obcecada pelo jogo, mas também é muito filantrópica. Kayla arrecadou milhões de dólares para a instituição de caridade infantil americana St. Jude por meio de seu público. Será que é indelicado sugerir que existe certa ingenuidade em pensar que trabalhar de perto com a EA – cujo objetivo final é ganhar dinheiro – beneficia os fãs dando a eles o que querem, quando na verdade beneficia mais a corporação e sua rentabilidade? A EA parece precisar da rede de criadores para ajudar a continuar vendendo o jogo e seus muitos itens derivados.

Os criadores conduzem o caminho, definem as tendências. Se eles disserem que vale a pena comprar um pacote, vão influenciar diretamente os fãs a colocar dinheiro no bolso da EA. É claro que a indústria de criadores é lucrativa por si só, mas será que eles estão arrancando dinheiro dos fãs? Ou o escapismo e a narrativa não são algo em que deveríamos colocar um preço?

Stay Sexy and Don't Get Murdered[46]

Embora o fã-clube de The Sims 4 exista principalmente em um espaço on-line isolado, há outros que surgem e ficam populares, impactando as tendências culturais. Enquanto os criadores de The Sims 4 ajudam a encher os bolsos da EA, alguns fãs estão transformando sua paixão em renda.

Em 2016, uma nova comunidade fascinante se formou. Tudo começou com duas mulheres em uma festa em Los Angeles: Georgia Hardstark e Karen Kilgariff. Elas se lembram de ter feito amizade rapidamente, sendo as únicas estranhas no ambiente, por causa de um amor comum, um profundo interesse por crimes reais. O que aconteceu depois disso é fenomenal: o podcast delas, *My Favorite Murder*, lançado em janeiro de 2016. O conceito é simples: Karen e Georgia transmitem um caso de assassinato "favorito" ou fascinante uma para a outra toda semana.

Milhares, e depois milhões, de mulheres (em sua maioria) rapidamente ficaram fascinadas pelas histórias contadas por Karen e Georgia e pelo entusiasmo delas diante do assunto. O conceito do MFM é que se trata de um "podcast de comédia

[46] Nome de um livro que será citado mais adiante; significa "continue sexy e não seja assassinado."

sobre crimes reais", combinando dois temas que normalmente não combinam, algo que as apresentadoras costumam apontar como ironia. Elas são firmes quando dizem que não fazem pouco dos casos de assassinato, apenas encontram maneiras de rir juntas das partes mais sombrias da vida. Essa transparência, juntamente com histórias terríveis, emocionantes e muitas vezes inéditas, capturou o fascínio de muita gente, talvez tornando a coisa toda mais digerível. A maneira como elas contam os casos gera uma atmosfera – assim como o compartilhamento de fofocas com o DeuxMoi – de festa do pijama, em que duas amigas compartilham histórias de terror boquiabertas, daquelas que se contam à luz da fogueira.

Karen e Georgia logo atraíram um fã-clube (seu "fã-culto") autoproclamado Murderinos, e em pouco tempo se tornaram um dos maiores podcasts do mundo, inspirando não apenas uma série de podcasts semelhantes sobre crimes, mas também, ao longo do tempo, mudando a cara do conteúdo como o conhecemos na televisão, nos serviços de streaming, nos livros e filmes.

Por que esse assunto específico atraiu o interesse de tantas pessoas? Acredito que seja mais um interesse *underground* sendo alimentado, algo de que as pessoas talvez não se sentissem confortáveis para se declarar fãs abertamente. O que esse empoderamento, essa validação de popularidade, faz pela comunidade?

Um tema como crimes reais incita uma gama de sentimentos intensos. Quando ouvimos falar de assassinatos ou de crimes desse tipo, ficamos tristes, assustados e enojados. É algo pesado. No centro dessa profundidade de sentimento existe vulnerabilidade, e ter uma comunidade (ou duas figuras em posição de destaque que entram em nossa cabeça quando colocamos os fones de ouvido e chegam mais perto dos nossos próprios pensamentos do que qualquer estranho poderia chegar) com quem experienciar isso é algo forte e gratificante ao mesmo tempo. Incita à criação de um vínculo, é uma emoção compartilhada que leva à formação de uma gigantesca comunidade virtual.

A familiaridade do formato – duas apresentadoras, a mesma estrutura de história semana após semana – nos ajuda a encontrar rotina nesses hobbies e interesses estranhos. Sentimos uma espécie de gratidão aos criadores por nos ajudarem a encontrar pessoas com ideias semelhantes e a despertar em nós interesse pela vida deles.

Em 2019, o livro *Stay Sexy & Don't Get Murdered* (título da assinatura semanal do podcast, agora um slogan usado no mundo inteiro e que representa a marca) foi publicado. É um livro de memórias duplo – escrito pelas duas podcasters – e uma discussão sobre crimes reais.

Além de criar laços com Karen e Georgia, o fã-culto se expandiu e virou uma série de comunidades adjacentes, incluindo um grande grupo não moderado no Facebook que se desviou para outros interesses. Os Murderinos se conectaram não apenas por causa dos crimes reais, mas também por causa do tricô, da comida, da música e de suas próprias vidas. O grupo do Facebook acabou sendo fechado – a falta de monitoramento levou a brigas internas e a comentários de ódio. Mais uma vez, a cultura de fã se expandiu para além de um produto em si – nesse caso, acabou sendo consumida pelas opiniões conflitantes de pessoas cujo desejo de compartilhar seus pontos de vista predominou sobre a capacidade de gentileza.

Ainda vemos podcasts e conteúdo criado por fãs servindo como uma previsão do que vem por aí na grande mídia. O poder dos fãs cresce constantemente, e, agora que eles podem criar seus próprios meios de comunicação e são capazes de reunir seguidores e criar comunidades, o *mainstream* segue pelo mesmo caminho.

Encontrando nossa tribo e ditando tendências

O TikTok tem sido uma descoberta incrível de comunidades nichadas. Se você ama alguma coisa, não importa quão excêntrica seja, o TikTok tem conteúdo para você. Desde interesses convencionais, como beleza e moda, até aquelas talvez menos compartilhadas publicamente, como mitologia antiga, TractorTok, antiguidades e itens colecionáveis, economia e muito mais, as pessoas podem encontrar sua tribo e consumir o conteúdo de que gostam.

O TikTok está influenciando os fã-clubes a criarem e desenvolverem comunidades nichadas ou está simplesmente tornando-as mais visíveis e dando-lhes validação? Seja como for, certamente está mudando a maneira como assimilamos conteúdo, tanto em quantidade como em profundidade. Está abrindo nossa mente, nos dando mais oportunidades de descobrir coisas pelas quais nem sabíamos que poderíamos nos apaixonar.

Não somos mais uma geração de jovens que apenas consomem. Temos a possibilidade de criar. O poder de jovens da geração Z e da geração seguinte, a Alfa, está no fato de que eles *realmente* são alfa. São gerações compostas de jovens líderes independentes e engenhosos, que prosperam em um mundo orientado para o conteúdo. Há inúmeras possibilidades em suas mãos (literalmente), graças às redes sociais e aos smartphones. Em vez de esperar nossos interesses irem para o *mainstream*, podemos criar nossos próprios mundos, assim como DeuxMoi fez, assim como Karen e Georgia de *My Favorite Murder*, assim como o SwiftTok.

Fã-clubes são muito poderosos agora. Antigamente, quando a interação entre os fãs acontecia na privacidade de um quarto ou nos corredores de um centro de conferências, havia um limite para a difusão desse fã-clube; os fãs percorriam um caminho muito mais longo para se reunir e experimentar em massa o que amam. Esse não é mais o caso. Os fãs podem se unir, combinar sua paixão e espalhá-la pelo mundo inteiro.

Todos os fã-clubes compartilham uma coisa: são comunidades formadas por pessoas que têm algo muito específico em comum. Esse algo é, sem dúvida, algo que elas amam – geralmente a coisa que mais amam. Além disso, os fãs compartilham o amor de falar para as pessoas sobre aquilo que tanto amam. O objetivo é sempre converter, na esperança de conquistar mais fãs para aquele artista ou produto e ampliar a lista de amigos que vão querer saber das últimas

Não somos mais uma geração de jovens que apenas consomem.

Temos a possibilidade de criar.

teorias, fofocas e novidades. É claro que os fã-clubes sempre têm transeuntes ou visitantes casuais, mas aqueles que permanecem são os que realmente moldam a comunidade. Eles criam mundos bem estabelecidos e povoados para que pessoas como nós os descubram também, assim como eu fiz com o fã-clube do The Sims.

Existem mundos prontos para onde podemos escapar e legiões de pessoas que nos receberão de braços abertos.

E quanto aos Swifties? Quantas ramificações da comunidade existem? Se os fã-clubes são comunidades, então sempre haverá segmentos deles – e isso certamente é verdade quanto ao fã-clube de Taylor. Ao lado daqueles que acompanham cada movimento dela, que são influenciados por seu posicionamento político, por sua moda e por suas amizades, há aqueles que estão totalmente comprometidos com sua vida amorosa.

Mas não a vida amorosa que conhecemos como nos é mostrada por Taylor e sua equipe... algo mais secreto, um grupo de fãs investidos que estão prontos para receber você entre eles.

Eles são os Gaylors.

CAPÍTULO 14

CALL IT WHAT YOU WANT[47]

Gaylor

[47] Referência à música "Call It What You Want", do album *Reputation*, lançado em 2017; significa "chame do que quiser".

Vamos fazer uma pergunta importante: quais espaços dentro do fã-clube de Taylor Swift não são universais? Quais são as comunidades *underground*, aquelas que ficam mais de escanteio e muito contentes em continuar com seu subconjunto específico de fãs sem interrupções?

Não posso escrever um livro sobre Taylor Swift e a cultura dos fãs sem falar sobre Gaylor. O elefante na sala, a teoria queer de fãs, sem dúvida um nível profundo de devoção. É algo que permanece oculto para muitos fãs, mas para outros é uma convicção, um texto sagrado.

Então, antes de começarmos, a pergunta que não quer calar: o que é Gaylor?

Em termos simples, Gaylor é a teoria dos fãs de que Taylor Swift é gay, ou queer, com base em dicas, pistas, entrevistas e referências visuais que alguns fãs captaram. Não existe uma regra definida para o sistema de crenças de Gaylor; há teorias de que ela é bi, pansexual, gay, que não saiu do armário, que é assumida e orgulhosa. Alguns acham que os *Easter eggs* dela foram projetados para transmitir mensagens propositadas, e alguns acreditam que todos os seus namorados eram de fachada. Alguns parecem não acreditar que Taylor seja definitivamente gay, mas gostam de entrar no jogo e procurar indícios de que ela *poderia* ser, talvez, quem sabe?!

As teorias de Gaylor circulam desde que a internet tem tempo e material para analisar e especular. Os fã-clubes

sempre têm facetas, seja o de *Harry Potter* ou de Taylor Swift, Sherlock ou 1D, que pedem ou criam diferentes representações de seu ídolo ou personagem principal. É fascinante para mim que um fã-clube possa ser tão diverso e abrangente em sua interpretação de uma mulher. Isso não quer dizer que algum fã esteja errado, fazendo palhaçada, torcendo ou se iludindo. O fato de podermos encaminhar nosso amor e paixão em diferentes direções, de podermos nos dedicar a um elemento diferente do que uma celebridade tem a oferecer, é uma bela representação da mente e do coração humanos.

A primeira vez que ouvi falar de Gaylor provavelmente não foi diferente de quando vocês também ouviram: durante a Era 1989. A Era 1989, como mencionamos antes, foi a mais divertida e rebelde de Taylor. Vivendo em Nova York como a garota solteira que ela era, Taylor havia reunido uma gangue de amigas solteiras e gostosas que contava com Gigi Hadid, as irmãs Haim, Cara Delevingne e Karlie Kloss.

Ela estava vivendo a vida de uma jovem normal: ia para festas, curtia a vida de solteira, bebia todas e se divertia nas ruas de Nova York. A Era 1989 é icônica para muitos Swifties porque foi quando começaram a acompanhar Taylor. *1989* nos deu seu primeiro álbum pop, nos deu Bleachella[48], nos deu lantejoulas, minissaias e óculos de sol em formato de coração e, talvez, apenas talvez... nos deu Gaylor.

Em um show do The 1975 em 2014, um fã postou uma foto de Taylor e Karlie Kloss. Karlie e Taylor estão em uma galeria acima da multidão, com os braços ao redor uma da outra, e várias imagens e vídeos mostram as duas coladas no decorrer da noite. Essa foto em particular foi tirada de um ângulo que parece, de verdade, que elas estão se beijando. E não apenas se beijando como se estivessem curtindo juntas... se beijando como se estivessem *curtindo juntas*.

Não dá para saber se esse fã compartilhou a foto na tentativa de ganhar retuítes, ou se era um fã de verdade tão genuinamente abalado e animado por ter descoberto uma nova faceta de Taylor que acessou a internet e revelou tudo. Provavelmente nunca saberemos. Mas os retuítes vieram, e a foto foi compartilhada muitas e muitas vezes. As reações a essa nova revelação tomaram a

[48] Em 2016, Taylor foi ao festival de música Coachella pela primeira vez. Foi lá que estreou o novo cabelo platinado (*bleached*, em inglês). Ela aproveitou a oportunidade e postou uma foto cuja legenda unia as duas palavras: bleach+Coachella, ou seja, Bleachella.

internet. Conhecido na história de Gaylor como "kissgate", esse momento foi analisado em nível forense pelos fãs e, mais recentemente, pela mídia, e considerado inegável por causa da filmagem que mostra a verdadeira sexualidade de Taylor.

Algo ainda mais incomum aconteceu depois disso: Taylor respondeu. A foto motivou este tweet – agora excluído – de Taylor no mesmo dia:

> "Como presente da mídia pelo meu aniversário de 25 anos, gostaria que vocês parassem de me acusar de estar namorando meus melhores amigos. #desesperados".

Esse tweet chamou mais atenção para a situação e fez com que ainda mais pessoas falassem sobre o assunto – na verdade, foi assim que ouvi pela primeira vez sobre os rumores de Gaylor. Taylor é conhecida por fazer isso tanto antes como depois dessa situação: levantar a cabeça acima do parapeito nas redes sociais para calar ou desmentir rapidamente algo que a irrita (ver: polêmica entrevista de Damon Albarn à GQ em 2022). Então o que a levou a se pronunciar sobre essa foto em particular? Pode ter sido um reflexo defensivo para proteger a amiga? Ou seria uma tentativa de esconder algo verdadeiro, ou que estava crescendo dentro de si e que era particular?

They Are The Hunters, We Are The Foxes[49]: as mulheres de Gaylor

LIZ HUETT – Uma fã que virou *backing vocal*. Taylor se envolveu em um suposto romance com Liz em 2008-2009. Liz ainda faz música – e algumas de suas letras e videoclipes podem sugerir uma ligação romântica com Taylor. Liz é abertamente gay. Taylor e Liz ainda são próximas. Liz trabalhou e escreveu com Taylor recentemente, em 2022, *Speak Now (Taylor's Version)*.

DIANNA AGRON – Estrela de *Glee*, Dianna Agron é uma personagem muito querida entre os teóricos de Gaylor. Dianna e Taylor (casal conhecido como Swiftgron) foram vistas juntas várias vezes de 2013 a 2014, e muitos relatos e teorias detalhadas sugerem que canções como "This Love" e "Clean" foram escritas sobre esse romance. Dianna é questionada sobre a natureza de seu relacionamento com Taylor em entrevistas até hoje.

[49] Referência à música "I Know Places", do álbum 1989, lançado em 2014 e relançado em 2023; significa "eles são os caçadores, nós somos as raposas".

KARLIE KLOSS – Karlie Kloss é a possibilidade mais discutida entre os casos amorosos de Taylor. Durante a Era *1989*, Taylor e Karlie eram inseparáveis. Apareciam juntas no palco, moravam juntas e faziam fotos conjuntas para revistas. Foram vistas de mãos dadas várias vezes; a proximidade entre as duas era inegável, e há páginas ainda dedicadas a especulações e evidências sobre Kaylor. Karlie e Taylor pareciam ter-se afastado nos últimos anos, por isso os fãs foram à loucura com o reaparecimento de Karlie na Eras Tour, em 2023.

ZOË KRAVITZ – Zoë e Taylor estiveram mais próximas em 2020, quando pareciam estar nas bolhas altamente limitadas uma da outra devido às recomendações referentes à covid-19. As postagens no Instagram das duas durante esse período compartilhavam muitas legendas e cenários. Existem vários posts evidenciando a possibilidade de um caso Toë, e ainda hoje as duas se encontram nesses mesmos círculos sociais.

Há muitos sinais, momentos e entrevistas para os quais os convictos de Gaylor apontarão como prova ou apoio à sua certeza de que Taylor Swift é queer.

Alguns são mais plausíveis que outros: a peruca rosa, azul e roxa usada por Taylor e que simboliza as cores da bandeira bissexual no videoclipe de "You Need To Calm Down", uma apresentação no quinquagésimo aniversário do *Stonewall Uprising* que contava apenas com músicos queer, o comentário que ela fez para o videoclipe de "ME!" em *Miss Americana*, quando declara que em sua mente há:

> "dançarinos, gatos, orgulho gay! Gente usando botas de cowboy, e aí eu monto em um unicórnio, tipo... tudo o que me faz ser quem eu sou".

Uma série de tweets que Calvin Harris publicou sobre o término dos dois incluía um que dizia (em parte):

> "No ano passado deixei crescer uma barba bem grande para ser levado a sério pelo Grammy como produtor".

A palavra *beard* pode se referir a "barba" mesmo, mas com frequência é o termo pelo qual se chama a parceira ou parceiro heterossexual de um homem ou mulher gay cujo relacionamento tem o intuito de esconder a homossexualidade da mídia. Essa evidência é particularmente difícil de dispensar, dizer que não tem sentido. Harris podia estar jogando lenha na fogueira de propósito para aumentar a especulação ou decretando algum tipo de vingança ao aludir a uma verdade oculta. Mas esse parece um golpe extremamente baixo.

Existem pistas e teorias mais sutis, é claro. Uma rápida pesquisa on-line por *Eye Theory*[50] lhe dará horas de explicações persuasivas e profundas sobre a teoria que gira em torno da capa de *Reputation* com o olho de Karlie Kloss. Um vestido de gala feito todo em tafetá arco-íris e desenhado por Christian Siriano, que nunca foi usado, é considerado o vestido que Taylor usaria para sair do armário, mas então o suposto evento não aconteceu, e o próprio Siriano colocou lenha na fogueira com postagens irônicas e atrevidas nas redes sociais.

No entanto, este capítulo está aqui para que possamos fazer perguntas importantes, e nenhuma dessas perguntas é "Taylor Swift é gay?".

Poderia existir – se é que ainda não existe – um livro inteiro sobre Gaylor para fazer a ponte entre os dois lados da história e analisar as evidências e campanhas de peso que os fãs dedicados produziram. Mas, para mim, Gaylor não é apenas sobre Taylor ser gay, hétero ou bi – é sobre nós, novamente, e por que achamos isso.

A verdade sobre a sexualidade de Taylor cabe somente a ela, não importa qual seja.

Mas o que significaria Taylor Swift se assumir queer? Quantas vidas seriam mudadas se ela fosse? Os defensores de Gaylor enfatizam como seria importante para a comunidade

[50] Teoria do olho.

LGBTQ+ se ela saísse do armário. E por quê? Bem, sem dúvida isso seria equivalente a uma representatividade ilimitada. O perfil de Taylor já é enorme, e, se ela abertamente se assumisse queer, sendo famosa como é, certamente seria uma notícia esmagadoramente pública. Taylor é uma das figuras públicas mais influentes dos tempos modernos. Se ela trouxesse representatividade para a comunidade queer, a causa seria vista no mundo inteiro.

Fica claro por que isso é tão significativo para seus fãs queer, e por que eles encontram poder e força na possibilidade de que um dia, talvez, seu próprio ídolo se assuma como um deles.

Como mencionamos antes, Taylor já fala em nome da comunidade queer, oscilando entre a lealdade inabalável, a defesa e o encorajamento com canções que viraram hinos e aparições públicas proclamando seu apoio aos fãs LGBTQ+. Às vezes, a execução parece ter pouco planejamento estratégico. Durante a Eras Tour, por exemplo, Taylor fez um breve discurso para comemorar e marcar o Mês do Orgulho, mas não deu continuidade a nenhuma outra ação em suas redes sociais nem de qualquer outra forma.

Isso ainda é mais do que muitos fazem, e a comunidade Gaylor parece receber tudo isso com uma reação afiada. A rainha deles é, assim como o resto do fã-clube, vista como humana e imperfeita, e é normal não ser tudo para todos os públicos. Dito isso, se ela fosse queer, como eles, o poder de se verem refletidos na mulher mais famosa do mundo teria um impacto gigantesco.

Há muita coisa escrita sobre como fãs queer e mulheres acrescentam camadas homossexuais a alguns dos escapes criativos e celebridades que eles mais amam. As fanfics queer, por exemplo, são um segmento extremamente popular dos escapes criativos em que se reimaginam ou reaproveitam histórias muito amadas, muitas vezes retratando casais que não existem na vida real ou nos programas, livros, filmes e bandas que os inspiram.

Por que vemos codificação queer em mundos e figuras públicas que são importantes para nós? Além do sentido talvez mais óbvio de que é divertido procurar pistas e sugestões nesses mundos que podem representar nossas próprias inclinações – *Sherlock*, da BBC, é um ótimo exemplo de como a escrita e a atuação brincam com o subtexto queer –, eu sugeriria que o elemento mais poderoso do fã-clube queer de Taylor Swift é a maneira como Taylor nos faz sentir que estamos conectados a ela; esse é o ponto de partida.

Esticando um pouco o assunto *Sherlock*, vai ficando claro à medida que a série avança que a codificação queer dos dois personagens principais aumenta. O movimento Johnlock ficou tão popular na internet que se tornou parte da discussão dominante, e os criadores e escritores do programa evidentemente viram e honraram esse setor apaixonado do fã-clube. Ver as fantasias dos fãs sugeridas e representadas nas telas emocionou os fãs, independentemente de o tema se adequar ao enredo ou ao desenvolvimento desses personagens.

Da mesma maneira, a música de Taylor é um forte ponto de conexão com seu fã-clube, sensível e propenso a criar identificação.

Como fã queer, poder enxergar facetas suas refletidas nas letras dela tem poder e muito significado.

Pistas de romances ocultos e do julgamento social reprovando seus relacionamentos estão espalhados por toda parte. Para completar, muitas dessas músicas remetem a períodos de sua vida em que, como sabemos, ela teve relacionamentos muito próximos com mulheres. Como seria possível Taylor escrever letras com as quais a comunidade queer se relaciona tanto – e fazer isso de maneira tão bela – sem ter vivenciado essas situações na própria pele?

Há momentos da minha vida que Taylor retrata tão perfeitamente em suas letras – e muitas dessas músicas aludem a coisas que, até onde eu sei, ela não experienciou. Mas não importa. Ainda me sinto profundamente conectada a ela, tanto por causa das músicas que evidenciam a verdade como pelas interpretações que fiz com base em minhas próprias experiências de vida. O mesmo princípio poderia ser facilmente aplicado aos seus fãs queer, e essa centelha de possibilidade é tudo de que um fã precisa para sentir esperança e mergulhar mais fundo, descobrindo, assim, outros fãs com ideias semelhantes.

Por falar em evidências, a tendência de Taylor a espalhar *Easter eggs* e dicas faz com que cada fã enxergue mais pistas comprobatórias de suas próprias teorias. Assim como a homossexualidade com frequência se mantém escondida na sociedade, faz sentido que Taylor nos conte sua verdadeira sexualidade através dos *Easter eggs* que ela usa para nos presentear com tantos outros segredos, muitas vezes revelados a nós antes de serem abertos aos que não são tão ativos no fã-clube.

Só no clipe de "Karma", os fãs encontraram várias imagens que poderiam estar ligadas à representatividade queer: ela, vestida como Dorothy, caminha pela estrada dos tijolos amarelos ("amigo de Dorothy" é um apelido queer famoso para gay). Em outra cena vemos Taylor retratada como Dice[51], a deusa da justiça na mitologia grega, mas também sabemos que *dyke*[52] é um termo comum para lésbica. Referências líricas também podem ser sugestivas. "Lavender Haze" fala sobre um relacionamento que vem sendo observado, e um *lavender marriage*[53] "refere-se a casamentos heterossexuais por conveniência entre indivíduos não heterossexuais" (fonte: *The Swaddle*).

A frase muito específica da música "Right Where You Left Me" que diz "*hairpin drop*"[54], do álbum *Evermore*, é uma

---

[51] *Dike* em inglês.

[52] Pode ser traduzido como "sapatão".

[53] Traduzido palavra por palavra, quer dizer "casamento lavanda", mas a expressão não tem o mesmo significado na cultura brasileira.

[54] Na música, o verso inteiro diz "I swear you could hear a **hair pin drop**", que significa "eu juro que dava para ouvir um grampo de cabelo cair".

flecha gigantesca, se é que existe alguma. Sabemos que a escolha de palavras de Taylor é sempre muito bem pensada e calculada. "*Hairpin drop*" é uma gíria para o ato de anunciar que você é gay por meio de dicas muito sutis, como quem deixa um grampo de cabelo cair, e o fato de a frase aparecer em uma das músicas extras mais populares de Swift é muito significativo. Para contrariar a teoria, Swift afirmou repetidas vezes que *Folklore* e *Evermore* são uma mistura de inspiração da realidade com pontos de vista fictícios, protegendo-se de quaisquer afirmações. Ou talvez ela esteja brincando com os ouvintes e continua prendendo a atenção deles.

Alexandra Wormley, estudante de pós-graduação do Departamento de Psicologia da Universidade Estadual do Arizona, diz sobre o fenômeno Gaylor: "As pessoas só querem se enxergar nela", e que a natureza do relacionamento de Taylor com os *Easter eggs* aumenta o fascínio dos fãs. Ela também fala da importância de não moralizar Gaylor: não é justo dizer que é certo ou errado, por mais fascinante que seja.

De qualquer maneira, é muito divertido considerar as possibilidades. Somos convidados por Taylor a interpretar a arte dela, tanto sua música como suas representações visuais, e ela nunca fez nada para refutar o público de Gaylor, que, assim como os Johnlocks, fazem parte do grupo mais apaixonado do fã-clube, dedicando horas a analisar Taylor para além do que é colocado como óbvio diante de nós.

Acho que devemos nos perguntar: isso tudo é mesmo importante se nunca dá em nada? É cada vez mais importante os fãs queer se verem refletidos na mídia, e a mídia está lentamente melhorando nisso. Mas ser visto em alguém tão influente, inteligente e agradável como Taylor? É mais que importante; é potencialmente formativo. Mais importante ainda, ajuda os fãs a se encontrarem e a se unirem por meio de experiências compartilhadas, as quais são capazes de criar um sentimento de unidade e inclusão e, sem dúvida, podem mudar e salvar vidas.

Se deixarmos de lado as dicas, os *Easter eggs* e as provocações... Taylor não se assumiu queer. Se Taylor Swift for gay, isso é parte de sua vida privada. A grande maioria dos Gaylors é respeitosa e se diverte muito. A comunidade parece ter-se ampliado para além da sexualidade de Taylor. As teorias dos fãs são intensas e extensas e fortalecem uma parte do fã-clube que encontra grande significado e alegria em fazer parte de uma comunidade assim.

No fim das contas, um fã-clube não é feito apenas de um tipo de fã. Existem milhões de nós, e todos temos opiniões profundamente pessoais sobre Taylor, sua música e como tudo isso se encaixa na nossa vida. Por que não deveríamos encontrar alegria em criar teorias, fazer apresentações em PowerPoint e imaginar que Taylor pode estar mais perto de nós do que ela imagina?

Não há dúvida: quando os fãs se apaixonam por uma coisa, não há limites. Abre-se um espaço de reafirmação e alegria.

Mas, quando algo os irrita, eles são imparáveis.

"Não há dúvida:

quando os fãs se apaixonam por uma coisa, não há limites.

Aquele se torna um espaço de reafirmação e alegria."

CAPÍTULO 15

THIS IS WHY WE CAN'T HAVE NICE THINGS[55]

Matty Healy e o sindicato Taylor Swift

[55] Referência à música "This Is Why We Can't Have Nice Things", do álbum *Reputation*, lançado em 2017; significa "é por isso que não podemos ter coisas boas".

Em 5 de maio de 2023, a vida como a conhecíamos mudou. Estou exagerando? Talvez. Mas, para mim, a vida definitivamente mudou. Pelo menos por um tempo.

O que aconteceu naquela fatídica sexta-feira? Taylor Swift realizou seu show da Eras Tour em Nashville para oitenta mil fãs. A família dela estava lá, como sempre, acompanhada de vários amigos e convidados VIP. Matty Healy era um desses convidados.

Três dias antes, no último show nas Filipinas da turnê At Their Very Best da banda The 1975, Matty Healy, antes de apresentar a música "About You", olhou diretamente para a câmera que alimentava as telonas e pronunciou três frases: "Esta música é sobre você. Você sabe quem você é. Eu te amo".

De volta a 5 de maio: uma Taylor Swift recém-solteira olha para sua própria câmera que alimenta as telas, antes de apresentar "Cardigan", e pronuncia as mesmas três frases. Na turnê inteira, até então dezoito shows, Taylor nunca havia feito isso. Não fazia parte de sua performance extremamente programada de três horas de duração. Não, aquele foi um improviso totalmente novo e inesperado que revelou uma Taylor tímida, corada e fora do personagem.

Aquela foi uma declaração. Uma grandissíssima declaração de... amor? Para Matty Healy?

Para contar essa história do jeito certo, vamos voltar um pouco mais no tempo. Taylor Swift embarcou na etapa americana da Eras Tour em 17 de março de 2023, começando por Glendale, Arizona. Os fãs ficaram surpresos ao notar a ausência do namorado de Swift, Joe Alwyn, que estava com ela havia seis anos. No mesmo instante começaram a circular rumores de que o rompimento era iminente ou já havia acontecido. Esse tipo de coisa realmente abala o fã-clube. Todo mundo ficou abalado.

A vida amorosa de Taylor sempre influenciou as eras dela por meio de sua música, mas também por causa de sua atividade. Os últimos seis anos foram tranquilos, até pacíficos, para os fãs que aceitaram Joe Alwyn como a pessoa que ficaria com ela a vida inteira, por mais chato que alguns dissessem que ele era.

Muitos fãs adolescentes não viram Taylor Swift em uma fase solteira. Quando o rompimento com Joe foi teorizado, os fãs ficaram confusos. Alguns não acreditavam, alguns ficaram intrigados, e todos nós pensávamos o seguinte:

se o relacionamento que inspirou canções como "King Of My Heart" e "Lover" acabou, então o próprio amor talvez esteja morto.

Quando o término foi confirmado pela fonte confiável de notícias de Taylor, a revista *People*, nós instantaneamente rejeitamos Joe. Gritamos que ele a havia impedido de brilhar (ver "Bejeweled") e a manteve trancada em um porão metafórico (ver de novo "Bejeweled"). O X decretou que Joe nunca foi um pretendente digno de Taylor.

Sabíamos que o término era real, mas ainda não sabíamos quando havia acontecido. Vieram, então, mais especulações, questionamentos sobre como Taylor conseguia subir no palco todas as noites sorrindo e cantar sobre seu ex-namorado. Havia lacunas na linha do tempo.

O nível de fama de Taylor – e sua credibilidade – aumentou significativamente nos seis anos que se passaram desde que conhecera Joe. Não ouvíamos especulações românticas desde a saga envolvendo Tom Hiddleston em 2016. Sua posição na indústria mudou muito desde então. Como já não era vista como a garota que tinha um namorado atrás do outro, Taylor e sua equipe conseguiram controlar a narrativa exposta na mídia em torno de Joe Alwyn. É inédito um artista ter de confirmar um término no início de uma grande turnê que já está sendo celebrada, compartilhada e analisada nas redes sociais ao enésimo grau. Ter na mídia um grande desdobramento romântico sem dúvida não estava nos cálculos da altamente planejada Eras Tour, e nós, fãs, vimos a oportunidade de buscar pistas do estado emocional de Taylor todas as noites.

A pressão em cima de um artista aqui é inimaginável, e o fato de ninguém ter contextualizado o término nem formulado uma linha do tempo fez o que aconteceu a seguir parecer ainda mais louco.

Entra em cena Matty Healy. Taylor e Matty tiveram várias aproximações, românticas inclusive, desde 2014. Alguns até dão crédito a Matty por influenciar os álbuns *Folklore* e *Evermore*; em uma aparição no podcast *The Green Room* em 2019, ele declarou:

> *"Taylor Swift fazendo um álbum acústico? Não consigo pensar em um álbum que venderia mais que esse. Tipo, o retorno íntimo de Taylor Swift ao country... Taylor, se você quiser que alguém te ajude a configurar os microfones para o seu álbum acústico... me chame".*

Mesmo assim, muitos Swifties não sabiam quase nada sobre Matty Healy, ou sobre a banda The 1975. Pelo que sabíamos, Taylor estava se recuperando de um término, ocupada com a turnê, e não havia segredos dela que não soubéssemos.

Quando foi divulgada pelo *Sun* a história de que Matty e Taylor estavam namorando, prometendo um grande gesto de demonstração de afeto entre os dois no próximo show de Taylor, o fã-clube ameaçou entrar em colapso. Parecia extremamente improvável, em todos os níveis. Qual seria a razão disso? Era uma dica que previa uma colaboração musical, ou só a mídia espalhando especulações – normalmente infundadas – sobre a vida amorosa de Taylor de novo?

Bem, a previsão estava certa. E era impossível deixar o gesto passar despercebido. A declaração de Taylor a tirou totalmente do personagem em muitos aspectos e foi previsivelmente romântica em outros. Pareceu verdadeira.

Muita coisa pode ser encenada, mas um rosto corando por causa de um novo amor? Estava tudo ali. E isso quebrou a internet.

Quero que vocês saibam por que estou escrevendo um capítulo sobre o breve romance de Taylor com Matty Healy. A grande maioria de vocês que estão lendo isto o acha abominável. Não cabe a mim determinar o verdadeiro caráter de Healy – embora o tenhamos explorado por um curto período. O que eu sei é que, ao longo dos dois meses em que esse cenário se desenrolou, o fã-clube ficou incontrolável. Talvez tenha sido uma das demonstrações mais impressionantes de cultura de fã que já vi, com todas as armadilhas das novas tecnologias centralizadas na situação. A verdade quase não importava.

O que chama atenção aqui é a apresentação em massa e sem precedentes de uma resposta parassocial a algo que só podia ser visto a distância. Então devemos conversar sobre isso.

É difícil saber a intenção por trás do ato "essa música é sobre você". Talvez um dia

Taylor revele a versão dela por meio de uma música, ou pelo menos dê algumas pistas sobre a conexão que as duas estrelas tinham. Em um mundo onde o momento de um espetáculo pode tornar-se notícia viral e se espalhar pelo mundo inteiro uma hora mais tarde, talvez a declaração tenha sido uma maneira rápida e eficaz de anunciar o novo namoro, dando indícios de que todas as partes envolvidas avaliaram essa como uma medida segura e estratégica. Mas talvez tenha sido um ato mal calculado de amor cego entre os dois.

Por alguns dias, o absurdo da coisa toda foi o que pareceu convencer o fã-clube a permitir uma curva tão acentuada. Claro que a Eras Tour continuaria, e só teríamos informações dos paparazzi. Houve pouca interação entre os Swifties e os opositores, fãs do The 1975 – acho que todos ficaram tão chocados com o que estava acontecendo que o único foco era descobrir o que poderia ocorrer a seguir: Matty no show seguinte, noite após noite mostrando seu rosto, sempre sorrindo. Matty e Taylor juntos depois de um show, entrando em um carro e indo para a casa dela. Matty e Taylor almoçando com Jack Antonoff em um clube exclusivo de Nova York. Eles continuaram alimentando o circuito de notícias, e nós continuamos recolhendo as migalhas que caíam, desesperados para entender se isso era a vida real ou a série de *Easter eggs* mais confusa de Taylor até agora.

Assim que o suposto romance virou assunto, a maré mudou dramaticamente. As pessoas on-line – trolls, fãs, soldados de sofá, chame-os como quiser – começaram a desenterrar imagens e citações mostrando o lado menos favorável de Matty Healy. Os primeiros murmúrios eram acusações infundadas sobre os shows ao vivo de sua banda: ele bebe durante as apresentações, beija os fãs no palco, parece fazer uma "saudação a Hitler" enquanto se apresenta – e todas essas cenas foram apresentadas no TikTok nas semanas anteriores pelos fãs do The 1975 como prova da habilidade performática de Matty, elogiando o artista como um dos vocalistas mais enérgicos da atualidade.

Os Swifties estavam inseguros, talvez sobrecarregados pela maré de novas informações que surgiam a cada minuto. Parecia que havíamos recebido a notícia de que Taylor estava solteira fazia dias e já tínhamos de lidar com um namorado problemático? O que estava acontecendo?!

Depois surgiram acusações mais graves: Matty Healy era racista, misógino, viciado em drogas, apoiador de Trump. Nenhuma dessas acusações pode ser justificada ou ignorada. Parte do conteúdo produzido durante esse período apresenta evidências de que, se Healy não carrega esses adjetivos, certamente se comportava ou fazia comentários que alimentavam os rumores e a onda de fúria que ele estava enfrentando na internet.

Essa cacofonia de raiva continuou. À medida que as atualizações chegavam em grande quantidade e depressa, mais e mais pessoas se reuniam num esforço para cancelar Matty Healy até que o assunto pareceu ser o único possível no X, embora o mesmo não tivesse acontecido nos veículos midiáticos principais. Healy nunca respondeu às acusações, ao dilúvio de comentários ou à perturbação causada. O *New Yorker* lançou um artigo sobre Matty incluindo muitos comentários do próprio homem. Escolheram o momento errado, e a única parte do artigo que viralizou foi compartilhada pelo *Popcrave*, no qual Healy afirma que as pessoas obcecadas por ele e por seus comentários polêmicos na internet precisavam "arrumar o que fazer". Deixando muita gente de queixo caído, o trecho mais uma vez havia sido tirado de contexto, e o ódio e a raiva aumentaram. Em 20 de maio, no show de Taylor em Foxborough, ela cantou a música surpresa "Question...?". Antes de apresentá-la, Taylor fez um breve e sincero discurso.

"Eu meio que sinto vontade de dizer a vocês... que nunca estive tão feliz na minha vida, em todos os aspectos da minha vida, nunca antes. Não sei, não é só a turnê. Eu meio que sinto que minha vida finalmente faz sentido."

No Big Weekend da Radio 1, no fim de semana seguinte, Matty Healy adotou uma abordagem tipicamente irônica ao abrir o programa da seguinte maneira:

> "Será que é tudo encenação? É sincero? Será que ele algum dia vai falar sobre o assunto? Todas essas questões e muitas outras serão ignoradas na próxima hora".

Ambas as declarações foram inúteis. Os fãs viram a sinceridade de Taylor e o habitual sarcasmo superficial de Matty e entenderam tudo como um choque de intenções, ou talvez apenas um surto de insanidade generalizado. O que ficou claro foi a decisão do fã-clube de proteger Taylor, mesmo que isso significasse questionar sua felicidade. Como resultado, muitas, muitas tentativas de eliminar Matty por completo continuaram a surgir. Foi um genocídio social através de uma enxurrada de vídeos e citações.

Em poucas semanas foi declarado o término do relacionamento, o que foi confirmado na mídia por uma fonte da revista *People*.

O que aconteceu aqui? Essa situação abalou profundamente o fã-clube, gerando o maior alvoroço em que nossa cantora e compositora favorita foi envolvida desde #TaylorSwiftisOverParty, em 2015. Mas dessa vez o tumulto começou dentro de casa.

LINHA DO TEMPO DE TATTY

17 de março: início da Eras Tour. Joe Alwyn não comparece.

31 de março: Taylor troca "Invisible String" por "The 1" na setlist, fazendo os fãs enlouquecer e gerando especulações.

8 de abril: término com Joe Alwyn é anunciado. Observação: aniversário de Matty Healy.

3 de maio: Matty Healy diz "Esta música é sobre você. Você sabe quem você é. Eu te amo" no palco.

5 de maio: Taylor retribui a mensagem. Matty está presente, na tenda VIP.

6-8 de maio: Matty comparece à Eras Tour por quatro noites seguidas.

11 de maio: Matty e Taylor são fotografados andando de mãos dadas em Nova York.

12-16 de maio: o alvoroço contra Matty Healy começa na internet.

17 de maio: fãs lançam #SpeakUpNow, uma carta aberta pedindo a Taylor que responda às controvérsias levantadas a respeito de Healy.

20 de maio: Taylor anuncia que está mais feliz que nunca.

24 de maio: "Karma" (participação de Ice Spice) é anunciada.

27 de maio: rumores indicam que Swift e Healy estão apaixonados e vão morar juntos.

1º de junho: um grupo on-line de Swifties propõe um "sindicato de fãs de Taylor Swift"

5 de junho: término de Tatty é confirmado.

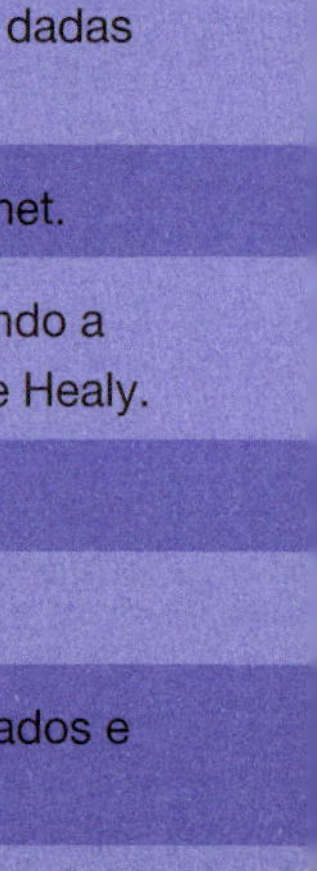

Há problemas gigantescos por trás dessa histeria em massa que devemos analisar: em primeiro lugar, Taylor Swift cometeu uma das primeiras grandes gafes de sua carreira? Ela interpretou mal e entendeu mal a própria base de fãs? E por que os fãs acreditam que podem – ou, neste caso, devem – assumir tal responsabilidade por seus artistas favoritos e, mais especificamente, por que esse sentimento vai tão longe quando se trata de Taylor?

O fã-clube de Taylor está acostumado a ter alguma influência sobre as ações dela, especialmente em torno da percepção pública e da carreira da artista. O fã-clube, como um todo, raramente é crítico. Noventa e nove por cento do tempo, Taylor está fazendo coisas que os fãs aprovam, apoiam e amplificam, o que faz com que nossa suposta autoridade seja validada com frequência.

Taylor é elogiada quase constantemente por seu fã-clube. Ela ganhou a credibilidade em massa da mídia – pela qual tanto ela como os leais Swifties ansiavam – depois da covid-19. O término com Joe Alwyn resultou em fãs apoiando Swift e declarando estar emocionados por ela finalmente estar livre para brilhar. O mais importante para nós é que ela esteja feliz.

Exceto... quando ela escolhe o namorado errado.

Há duas maneiras de enxergar isso: ou Taylor cometeu seu maior erro e presumiu que os fãs a apoiariam se ela namorasse com qualquer pessoa que a fizesse feliz, ou ela decidiu testar esse relacionamento com um ato inegável porque havia certa apreensão. Healy é diferente de qualquer homem que Swift já teve em seus braços. A falta intencional de sofisticação e o incitamento extravagante e propositado à controvérsia não poderiam revelar um contraste maior com Alwyn. Como dissemos, Healy é um disruptor, e não é típico dele namorar uma pessoa tão polida quanto Taylor.

O criador de TikTok Steven Sullivan comenta de maneira perspicaz sobre a possível mentalidade de Taylor na época, sugerindo que ela talvez se sentisse mais confortável vendo o público criticá-la do que analisando sua decepção amorosa anterior; preferiria que as pessoas pensassem que ela estava se recuperando em vez de tentar identificar traços de tristeza nela. Sabemos que Taylor se preocupa profundamente com a percepção do público, e dá para ver que o rápido término e o afastamento da relação, um retrocesso notável, é provavelmente uma resposta ao enorme alvoroço.

Para acrescentar ainda mais elementos confusos à situação, houve o lançamento de "You're Losing Me", uma faixa do cofre de *Midnights*, que parecia abordar diretamente sua angústia enquanto estava com Joe. Estávamos tão acostumados a conseguir interpretar e apreciar os movimentos de Taylor... agora não havia nada além de confusão.

No decorrer dos últimos anos, especialmente após a pandemia, o que acontece on-line e o que acontece aos nossos ídolos foi-se tornando cada vez mais importante para a nossa identidade. Muitos de nós passamos dois anos de formação trancados em casa; nossos amigos ficaram tão inacessíveis quanto nossos colegas famosos. Tudo acontecia dentro do celular, nos fóruns, e assim o cenário e as prioridades mudaram.

Talvez não sejamos mais capazes de distinguir entre o mundo das celebridades e o nosso. Taylor é mais importante para nós do que nunca. Nós enxergamos nela particularidades nossas. Se ela começa a namorar um monstro, não significa que somos cúmplices? Como podemos permitir que ela cometa erros tão catastróficos sob nossa supervisão?

Mas... se Taylor cometeu um erro humano, isso não faz dela uma pessoa normal? Significa que ela *É* como nós.

Sejamos sinceros, todos nós já namoramos Matty Healy. Só não precisamos cometer nossos erros na frente do mundo inteiro. Mas Matty Healy não importa aqui. Sim, é absolutamente inaceitável se comportar da maneira como ele se comporta, seja ou não sob o disfarce de uma persona. Sabemos que o jeito dele de abordar a vida pública é, na melhor das hipóteses, falha, e, na pior, prejudicial. No contexto de ser fã de

Taylor Swift, *isso não importa*. Porque com quem estávamos bravos? Quem partiu nosso coração aqui?

A verdade é que ficamos furiosos com Taylor. E como sei disso? Porque, quando eles se separaram, a vida dos fãs do The 1975 voltou ao normal. Foi como se nada tivesse acontecido. O nome de Matty Healy desapareceu da cultura de cancelamento do X tão rapidamente quanto tinha aparecido. Ele permanece ileso.

Será que podemos dizer o mesmo dos Swifties? Quando foi que ganhamos o poder de dizer a Taylor com quem ela pode ou não namorar? Fomos um passo longe demais? O *Guardian* publicou um artigo lembrando às pessoas que observam o comportamento dos superfãs ou se interessam por ele que o comportamento talvez não seja tão chocante – mas, honestamente, é um tanto chocante, sim. O *Guardian* se refere aos fãs envolvidos nesse protesto como "*stans*". *Stans* são, por definição, a parte obcecada, irrefletida e sem pensamento crítico de um fã-clube. Os fãs que se opuseram a essa situação estavam fazendo fortes julgamentos sobre o que se encaixa ou não no mundo de Taylor Swift. Será que era uma ilusão da parte deles achar que tinham influência e autoridade para pedir a Taylor que parasse de namorar alguém por quem ela havia declarado amor? Bem, aparentemente não. Não era.

Não sabemos os motivos por trás do término de Taylor e Matty. Podemos somente imaginar que a pressão e a reação da internet tiveram seu papel.

“Os fãs agora podem exercer um tipo diferente de poder: não apenas sobre outros membros do fã-clube, mas sobre o PRÓPRIO ARTISTA.”

Taylor escolheu os negócios em vez do amor? Ela escolheu seus fãs em vez de um homem?

Ela deve ter entendido as controvérsias históricas de Matty ao entrar no relacionamento, e talvez tenha visto algo diferente nele... alguma verdade por trás do intérprete, da projeção problemática.

Mas, se o barulho não acabasse, e ela corresse o risco de também ser cancelada, remontando a uma época traumática no âmbito pessoal e catastrófica no âmbito profissional, agora ela seria obrigada a sempre escolher a opção mais segura? Não é um pouco... triste?

No fim das contas, os fãs que criaram o #SpeakUpNow, que pediram um sindicato de fãs, podem considerar essa uma vitória. A situação indica que os fãs agora podem exercer um tipo diferente de poder: não apenas sobre outros membros do fã-clube, mas sobre o próprio artista.

CAPÍTULO 16

YOU NEED TO CALM DOWN

Hierarquia de fãs

"A coisa
mais importante
sobre os fãs e a
cultura de fã é
VOCÊ."

Quando os fã-clubes crescem, eles se fragmentam.

É seguro dizer que o fã-clube de Taylor Swift é complicado. Todos os fã-clubes são variados e envolvem um enorme grupo de pessoas apaixonadas, muitas vezes jovens, que admiram e enaltecem seu ídolo, ficam obcecadas ou torcem por ele, tudo isso em vários níveis diferentes, por vários motivos.

A cultura de fã é uma coisa engraçada, não é? Nós já exploramos seus muitos elementos ao longo de nossa jornada juntos, mas há algo que você ainda precisa saber: a coisa mais importante sobre os fãs e a cultura de fã é você.

Você, o fã, que ama aquilo que mais ama no mundo, às vezes mais do que sua família, seus amigos e seu gato de estimação. Seu compromisso com esse amor não tem limites e traz uma alegria invejável.

Seu poder dentro de um fã-clube é apenas isso: PODER.

É uma coisa tão poderosa abraçar, amar, apoiar e exibir algo pelo qual você sente paixão. Nem todo mundo se sente livre o bastante para se entregar a algo do tipo, mas você nunca deve abrir mão disso. A cultura de fã se tornou mais aceita com o tempo. Não é mais um hobby escondido, agora é algo *cool* e mágico, um motivo que reúne pessoas de todos os cantos do mundo.

Mas, como dizem por aí, com grandes poderes vêm grandes responsabilidades. Sua admiração de fã te leva a comunidades que você sabe que vão compartilhar do mesmo sentimento, já que é muito raro alguém nutrir essa admiração e se estabelecer numa cultura de fã sozinho. Conheço muito bem a sensação de querer descobrir mais, e mais, e mais sobre o filme, a série ou a música pela qual estou obcecada – é como saciar a fome, e essa fome inclui o desejo de que outras pessoas compartilhem seus pontos de vista, especialmente quando as pessoas em seus círculos sociais diretos não o fazem. Há algo gratificante em ler seus pensamentos da perspectiva de outra pessoa, e essa gratificação faz parte do que cria e sustenta os fã-clubes.

É, como aprendemos, um sentimento de união, de unidade.

A comunidade que nasceu ao redor de Taylor Swift é vasta. Sempre há fãs cujo único interesse é a música, o que é compreensível. Esses encontram satisfação curtindo os álbuns sozinhos, talvez compartilhando o gosto musical com amigos que pensam da mesma forma e indo ver Taylor ao vivo – afinal, a essa altura, não há muitas pessoas que não ouvem pelo menos algumas de suas músicas. Outros fazem dela a trilha sonora de sua vida, e a única interação que têm com a música acontece por meio de Taylor Swift. A partir daí avançamos rumo a toda uma fantasia de fã, uma jornada intensa. E não existe mera admiração aí.

O DeuxMoi descreve os fãs de Taylor Swift como "inocentes". Steven Sullivan, um dos superfãs de Swift mais seguidos no TikTok, os descreve como "piranhas", que protegem as águas até que alguém cometa um deslize. É quando elas atacam. Que tal esse contraste?

Desde o desenvolvimento das mídias sociais, os fã-clubes ganharam a possibilidade de ser muito mais expansivos. Houve um tempo, como sabemos, em que os fãs, além de não ter o mesmo acesso às celebridades, também tinham acesso mais limitado aos seus colegas fãs on-line. O desenvolvimento de sites de fofocas e revistas de celebridades nos manteve atualizados sobre o que nossos famosos favoritos estavam fazendo – por isso sempre houve especulação –, e a criação de fóruns de fãs on-line na década de 1990 ajudou a unir os fãs. As convenções de fãs foram lançadas como outra tendência, principalmente na década de 2000, embora ainda existam hoje. Esses eventos, muitas vezes criados por organizações especializadas em cultura pop com o objetivo de reunir fãs e permitir que eles conheçam suas estrelas favoritas de TV ou do cinema – e uns aos outros como bônus –, são um empreendimento muitíssimo lucrativo. Empresas como a San Diego Comicon são agora grandes eventos no calendário do cinema e da televisão e mantêm os fãs de ficção científica e fantasia bem alimentados.

Mas o advento das redes sociais permitiu que os fã-clubes operassem com alta frequência, alto nível de produtividade, de forma ilimitada e não regulamentada. É nessa falta de regulamentação que ocorre a maioria dos problemas.

SWIFTIES: um guia (por ponto de entrada)

OGs – Estão lá desde o início e são destemidos advogados do *Debut*. Podem ter descoberto Taylor Swift em qualquer momento entre o lançamento do álbum de estreia e o primeiro lançamento de *Red*. Alguns estão começando a criar a próxima geração de Swifties, e todos são uma enciclopédia ambulante da história de Taylor Swift.

Geração 1989 – Entraram na era de 2014 e são Swifties aficionados do pop, que adoram música e provavelmente amam Harry Styles. Essa geração do fã-clube ainda é pré-TikTok e pode não estar familiarizada com os álbuns anteriores de estilo country. Conhecem Taylor como uma mulher forte, poderosa e ousada.

Rep girlies – Ser uma *rep girlie* é um estilo de vida. São mestras da vingança e da retribuição, empoderadas pelo retorno provocador de Taylor à música. É importante dizer que existe uma *rep girlie* dentro de todos nós, mas esses fãs vão declarar que *Reputation* é um álbum "no skip"[56] para qualquer um que

[56] Álbum "no skip" é aquele em que não há uma única música ruim, ou seja, não dá vontade de pular nenhuma.

investir tempo suficiente em ouvi-lo. *Rep girlies* também são ESPECIALISTAS em *Easter eggs* e treinam o resto do fã-clube para identificar todos eles.

Lovers – a era *Lover* começou a atrair muitos fãs novos. Taylor quis dizer ao mundo quanto ela amava o amor, e essa turma amou isso. Aqueles que se uniram ao fã--clube com *Lover* se enquadram em duas categorias: adolescentes da geração Z que reivindicaram Taylor como sua e fizeram questão de estudar cada elemento de seu catálogo anterior, e os fãs convencionais, que estão lá para gritar a ponte de *Cruel Summer* também.

Intelectuais Folkmore – Essa é para o fã sério e solene de Taylor Swift. Se sua porta de entrada para TS foi um dos álbuns da pandemia, você talvez tenha passado esse tempo todo achando que não valia a pena dar uma chance à música de Taylor. *Folklore* é um ponto de conversão para os detratores, mas também é uma boa oportunidade para os fãs abraçarem o tédio e acenderem uma vela em casa para refletir sobre o sentido da vida.

Os Anti-heros – *Midnights* e o hype em torno da Eras Tour trazem outra série de novos membros à parte do fã-clube que nasceu na internet e está na área há pouco tempo. Essa porção de fãs recém-nascidos tem muito a aprender.

I rent a place on Cornelia Street[57]

A cultura dos fãs de Taylor Swift leva em conta algumas coisas, incluindo, obviamente, nosso amor por Taylor, por sua música e sua ambição sem fim. Também adoramos acompanhá-la nas jornadas pelas quais ela nos leva, incluindo os *Easter eggs*.

Os *Easter eggs* já foram grande fonte de diversão no mundo de Taylor Swift, e ainda são. No entanto, eles criaram uma natureza competitiva dentro do fã-clube. O desejo de resolver o mistério primeiro torna-se cada vez mais importante e significativo para provar seu conhecimento e ser considerado o melhor superfã. Se você entrou no fã-clube durante a era *Lover*, percebeu que desde então tem sido um banquete de *Easter eggs*. A experiência dos fãs se define de muitas maneiras por esses *Easter eggs* e pela descoberta de pistas, dicas e telefones sem fio de fãs que esperam conseguir informações secretas primeiro.

Que assim seja. Se você está no fã-clube agora, vai ser tornar um residente permanente da Clownelia Street – uma frase da internet que aponta para uma mente disposta a embarcar na "palhaçada" (*clowning* em inglês) do fandom, inspirada na música "Cornelia Street" de Swift. A palhaçada sugere que estamos dispostos a colocar um grande nariz vermelho e descer o tobogã da conspiração e da confidencialidade, caçando os muitos *Easter eggs* que Swift deixa cair para indicar seu

[57] Referência à música "Cornelia Street", do álbum *Lover*; é o nome de uma rua em Nova York.

próximo movimento, ou mesmo um movimento que está tão longe no futuro que acaba sendo inimaginável hoje. Estamos vendo isso com cada vez mais frequência, os fãs voltando a referências de imagens ou letras que saíram anos atrás para desvendar um quebra-cabeça futuro.

Taylor Swift é, como ela se autoproclama em *Midnights*, uma *mastermind*[58]. Há um nível excessivo de planejamento nas pistas que ela deixa cair, assim como no momento em que o faz. Sempre foi evidente que ela fica tão feliz em dar as dicas quanto nós ficamos em desvendá-las; é uma expressão do caráter dela ter tanto orgulho de seu fã-clube quanto de seu talento artístico. Ela quer que saibamos os segredos, mas para isso temos que trabalhar duro. E, cara... *como* os fãs trabalham duro!

Não é nem que os fãs queiram ser melhores uns que os outros; eles querem ser os MELHORES FÃS PARA TAYLOR, satisfazer esse senso de inclusão com o qual ela nos presenteou.

Há diversas maneiras de expressar seu amor como fã de Taylor. Existem muitos discos de edição limitada, cardigans

[58] Referência à música "Mastermind", do álbum *Midnights;* termo usado para se referir a alguém que arquiteta situações, planeja tudo para que saia de acordo com a própria vontade.

com a marca do álbum e oportunidades de conversa por aí. Mas os *Easter eggs* são definitivamente a maneira mais "merecida" de "ganhar" no fã-clube. Se você for notado por Taylor, isso garantirá sua posição como o maior fã de todos, recebendo a maior recompensa.

Sua porta de entrada como fã de Taylor pode ter definido seu papel no fã-clube, mas também existem outras hierarquias em ação. Nem é preciso dizer a essa altura que um nível de conhecimento intrincado e detalhado sobre Taylor e sua música lhe dá um aceno de aprovação. Se você conheceu Taylor, se ela comentou ou curtiu seu conteúdo, você alcança um status mais elevado. Se tiver informações privilegiadas ou promover um encontro com um fã, será reverenciado – mas às vezes também terá sua autenticidade e intenção questionadas.

Outra maneira de chegar aos escalões superiores do fã-clube de Swiftie? Torne-se você mesmo um criador.

Existem agora milhares de fãs on-line que fazem vídeos ou escrevem blogs diariamente sobre Taylor Swift, e alguns desses criadores estão ganhando tantos seguidores quanto as próprias celebridades (embora Taylor ainda permaneça intocável, acumulando mais de quatrocentos milhões de fãs apenas nas redes sociais).

Steven Sully, um universitário de vinte e poucos anos, tem mais de duzentos e cinquenta mil seguidores no TikTok. Ele começou seu canal como um espaço de comédia boba, até que decidiu fazer vídeos classificando as músicas do álbum de Taylor. Quando esses vídeos começaram a viralizar, seu perfil mudou para o SwiftTok, e ele não olhou para trás. Steven posta pelo menos uma vez por dia, compartilhando seus pensamentos e sentimentos, reagindo às músicas e aos shows ao vivo. Ele se afasta, no entanto, das atualizações de notícias, afirmando claramente que esse território se torna arriscado demais quando as notícias não são verificadas ou são particularmente escandalosas. Pisar nesse território te coloca em risco diante do resto do fã-clube, que não vai pensar duas vezes em te cancelar se você compartilhar informações incorretas ou se sua opinião sobre Taylor ou seu círculo íntimo não for considerada apropriada. Ginnie Low, também conhecida como The Thrifty Swiftie, é um bom exemplo de criadora que, infelizmente, tem estado no centro das acusações por ter cometido um erro. Com duzentos e oitenta mil seguidores no TikTok, Ginnie tem sido desafiada regularmente pelo fandom, acusada de não verificar os fatos e de roubar ou copiar conteúdo.

E se a paixão de um fã logo se torna uma maneira de alimentar as atualizações de outras pessoas? Fica menos divertido se você estiver constantemente sujeito a críticas? Mais ainda, se o seu conteúdo estiver ajudando a financiar sua vida, vale a pena desinformar o público para compartilhar o furo primeiro? Uma imagem photoshopada de um documento creditando Harry Styles e Taylor Swift foi compartilhada por toda a internet, inclusive por criadores respeitáveis do SwiftTok – todos os quais receberam forte represália quando foi provado que a imagem era falsa.

No fim das contas, nada passa batido pelos Swifties. Fomos treinados para ficar de olho.

Se você nunca ouviu a música de Taylor Swift antes, registrar sua reação ao ouvir as músicas favoritas dos fãs pela primeira vez é uma boa maneira de obter aprovação ou influência no fã-clube. Atualmente, os fãs têm elogiado homens na internet por se apaixonarem pela música de Taylor enquanto assistimos a ela. O criador e produtor musical do YouTube HTHaze foi um dos que começaram a tendência. Muitos outros se juntaram a ele e passaram a gravar as próprias reações também, curiosos para ver o que há de tão interessante nessas músicas. As seções de comentários são inundadas por Swifties alegres, emocionados ao ver Taylor sair do fã-clube tradicional, pedindo mais vídeos semelhantes a esses criadores para que possamos vê-los se apaixonando por ela pela primeira vez.

Quando os fãs recebem o poder de se tornarem líderes em um fã-clube, qual será o nível de dificuldade de assumir essa responsabilidade sem cometer erros? E por que alguns são responsabilizados mais que outros? Onde o fã-clube traça o limite?

"It's just Ashley!"[59]

Você pode ter-se deparado com a frase "*It's just Ashley!*" pela internet.

Ashley Leechin, uma enfermeira americana na casa dos trinta, mãe de dois filhos, é bem parecida com Taylor Swift. O status de sósia de Ashley tornou-se, com o tempo, o assunto principal de seu conteúdo nas redes sociais, e ela acumulou mais de um milhão de seguidores.

Seu estilo e abordagem às mídias sociais certamente mudaram ao longo do tempo, aparentemente para atrair mais Swifties. Os cabelos, o jeito de se vestir, a entonação e até mesmo o gato dela são bem próximos dos de Taylor. Não há mal nenhum em ser sósia, eles não são novidade entre os famosos. Mas os Swifties costumam disparar contra Ashley, acusando-a de querer ser confundida com Taylor ou de acreditar ter alguma conexão com a artista. Ashley apareceu no programa *The Ellen Show* dando risadinhas. A fama que ela adquiriu é claramente avassaladora e, ao que parece, viciante. Em um "experimento" de rede social em agosto de 2023, Leechin trabalhou com um YouTuber e saiu pelo centro de Los Angeles vestida como Taylor e acompanhada de guarda-costas. O comportamento gerou um

[59] Significa "é só a Ashley!".

grande clamor entre os Swifties, muitos fãs insistindo que Leechin queria atenção e estava zombando da perda de privacidade de Taylor e da histeria dos fãs. Mais recentemente, Leechin, que sempre *negou* ser imitadora de Taylor Swift, apareceu vestida como ela em uma escola para meninas e fez uma apresentação como tal.

Ashley é uma fã fascinante. Tendo sua própria fama, seus próprios memes e suas próprias trolagens e cancelamentos, ela está, de certa maneira, vivenciando partes da vida de uma celebridade. Pessoas fora do fã-clube costumam responder aos vídeos dela com entusiasmo, empolgadas por ver alguém que se parece com Taylor. Os Swifties, no entanto, estão fartos. Eles querem que Ashley fique em seu lugar, sentem que a atuação dela foi longe demais e pode estar prejudicando ativamente Taylor e sua família.

Por que o fã-clube se volta tão ativamente contra aqueles que não se enquadram nos seus moldes? Existem outras sósias de Taylor nas redes sociais que não recebem a mesma reação. Existem vários criadores de conteúdo que fazem o que Ginnie Lowe fez – simplesmente reportar as notícias conforme as veem –, mas esses criadores não são jornalistas e, por isso, não têm a experiência e a formação necessárias para entregar informações verificadas e precisas; são apenas fãs tentando algo novo, tentando se destacar.

Em um mundo onde recorremos às redes sociais como a principal fonte de notícias, os fãs que estão vendo e lendo esse tipo de conteúdo têm parte da responsabilidade por saberem que não são informações verificadas?

Na verdade, o fã-clube de Taylor Swift tem seu próprio conjunto de regras difíceis de decifrar ao lado de expectativas claras de que, se nosso ídolo nos oferece tanto conteúdo e material, então nosso trabalho como fã-clube é honrar isso. Exigimos muito de Taylor Swift como fãs. Ela vai alto e além para gerar entusiasmo e curiosidade, para compartilhar muito de seu mundo conosco. Como ela consegue nos dar isso, uma vez após outra, de tantas maneiras diferentes?

As muitas faces de Taylor Swift

Taylor Swift falou abertamente sobre o conceito desafiador de reinvenção no fim de seu documentário da Netflix, *Miss Americana*. Swift reflete sobre seu nível de fama:

> "Eu gostaria de não sentir que existe uma versão melhor de mim por aí. Eu me sinto assim o tempo todo... As artistas mulheres que conheço se reinventaram vinte vezes mais que os artistas homens. Elas precisam fazer isso, do contrário acabam ficando sem trabalho. Constantemente tendo de se reinventar, constantemente encontrando novas facetas de si mesmas que as pessoas achem brilhantes. Seja nova para nós, seja jovem para nós, mas só se for de um jeito inovador, só se for da maneira que quisermos. Sim, reinvente-se, mas só se for de uma forma que consideremos reconfortante e ao mesmo tempo um desafio para você".

Embora a reinvenção seja uma constante na carreira de Swift, cuja curadoria vai se tornando mais criteriosa à medida que sua fama aumenta, é interessante vê-la capitalizar isso tão especificamente com a Eras Tour. Uma turnê de "grandes sucessos" não é novidade para artistas com longas carreiras, e com certeza parece uma maneira emocionante de retornar ao público após anos sem poder se apresentar.

Então... por que a Eras Tour, e por que agora? Será possível que os fãs tenham ajudado a transformar algo que começou como uma necessidade desafiadora para Swift na casa dos vinte anos em uma experiência totalmente positiva, uma celebração de seu talento artístico, na casa dos trinta? Bem, *that's a real fucking legacy*[60].

[60] Referência à música "Maroon", do álbum *Midnights*; significa "esse é um baita legado".

UMA ENTREVISTA COM...
Steven Sullivan
(@STEVENSULLY1, TIKTOK)

Como você descreveria seu TikTok?

Um monte de bobagem relacionada a Taylor Swift. Eu falo sobre o que ela faz e o que eu penso a respeito. Construí uma base de seguidores que, mesmo que eu não poste minhas opiniões no minuto em que algo é anunciado, sei que quando eu começar a postar sobre o assunto as pessoas vão assistir. Por alguma razão que nunca consegui explicar, elas se interessam pelo que penso sobre os feitos da Taylor.

Como você começou seu canal?

Quando comecei a postar, não pretendia fazer uma *fanpage* da Taylor Swift. Comecei a postar no verão de 2020, uma semana depois que Donald Trump apresentou pela primeira vez a ideia de banir o TikTok. Eu pensei: se o TikTok for mesmo banido, não quero que outra plataforma de mídia social tenha surgido e desaparecido sem que eu a tenha usado. Então comecei a postar vídeos bobos. Em algum momento, inspirado por Dylan Mark Murphy, fiz um vídeo reunindo todas as primeiras músicas dos álbuns de Taylor e classificando-as. O vídeo deu resultados melhores do que os que eu estava postando antes, porque tinha algum fundamento. Quando cheguei à classificação das faixas nove, o vídeo teve cem mil visualizações. Foi um sucesso, e depois disso pensei que talvez pudesse continuar postando. Três anos depois, aqui estamos.

Quando você começou a gostar de Taylor?

Eu a ouvia quando criança. Adorava os três primeiros álbuns dela, mas na época de *Red* parei de ouvir. Quando saiu o *Reputation*, lembro vividamente de cada passo daquele lançamento porque estava muito investido no retorno dela. Eu estava muito interessado em todo o drama. Recebi permissão da minha mãe – eu ainda estava no ensino médio – para baixar o álbum no iTunes à meia-noite. Foi a única coisa que ouvi por meses. O *Reputation* me fez gostar de Taylor como a pessoa que ela é, despertou meu interesse por Taylor Swift.

Por que você é fã da Taylor Swift?

Tudo o que ela faz é tão bom! Mesmo quando não é o melhor dela, é muito bom. Eu tenho uma forte tendência a ficar viciado nas coisas… e consegui sentir quando estava acontecendo com Taylor Swift. Ela me deixou enfeitiçado. Tenho um enorme fascínio pela carreira dela, pelas Eras e por quanto ela progrediu como artista.

O que você ama em ser fã?

Para mim, o lado mais feliz e acolhedor de ser fã é o mais importante. Há muita competição no fã-clube, mas eu gostei de tentar não me perder nesse sentimento e, em vez disso, cultivar um espaço onde simplesmente amamos a música dela, onde encontramos pessoas semelhantes nesse aspecto. Ir à Eras Tour fez muito por mim e pela minha fé no fã-clube. Durante todo o fim de semana, eu não fiquei muito on-line. Postei vídeos, mas não fiquei olhando o feed, não assistia a vídeo nenhum, não estava consumindo nada. Estava apenas compartilhando.

Porque, em vez disso, eu estava lá fisicamente com milhares de fãs, pude conhecer e conversar, e descobrir as músicas favoritas deles, e ver suas roupas incríveis, e trocar pulseiras, e fazer essas conexões por causa daquelas músicas e daquela pessoa. Porque era real, porque estávamos fisicamente ali uns com os outros e apenas sendo... pessoas. Foi uma experiência incrível para mim. E um lembrete muito bom do fato de que todo o absurdo que acontece on-line não é o que realmente faz tudo ser o que é. **O que faz tudo ser como é são as pessoas – essa cultura que evolui, e poder fazer parte disso com pessoas de quem eu genuinamente gosto.** Eu as tinha conhecido pela internet e pude conversar com elas, conhecê-las pessoalmente. É tão legal e gratificante! Eu de fato não consigo enfatizar o suficiente quanto foi gratificante conhecer essas pessoas.

O show naquele momento foi mais que apenas o show. O prazer que senti ao assistir à Taylor foi igual ao prazer que senti nas seis horas que antecederam o momento em que ela subiu no palco, quando pude conhecer e interagir com pessoas que compartilham o mesmo interesse que eu nessa comunidade que existe de verdade. Essa é a minha parte favorita de todas.

CAPÍTULO 17

STYLE[61]

O saudável fã-clube de Harry Styles

[61] Referência à música "Style", do álbum *1989*; significa "estilo" ou "moda" no contexto do verso *we never go out of style* (a gente nunca sai de moda).

Antes da Eras Tour, tivemos a Love On Tour.

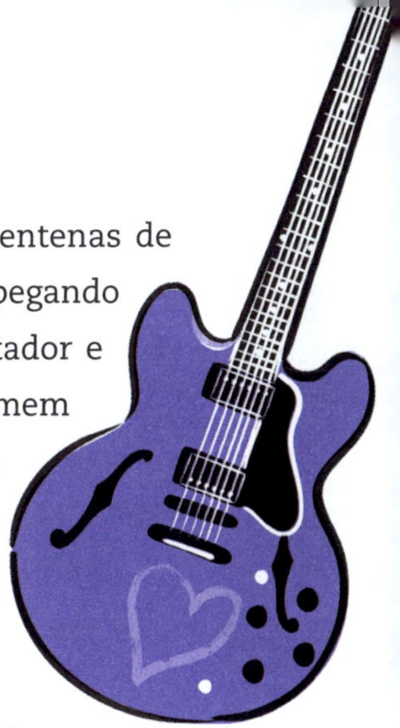

Existem compilados na internet – com centenas de milhares de visualizações – de Harry Styles pegando coisas no ar enquanto se apresenta. Encantador e divertido de assistir, o simples ato de um homem bonito com excelente coordenação motora prova o poder de Harry Styles e seu charme inabalável.

Não preciso dizer quem é Harry Styles. Ele alcançou fama estratosférica desde sua primeira aparição no *The X Factor* em 2010, tornando-se parte da *boyband* One Direction. Todos nós sabemos que o One Direction passou a ser muito mais que isso: foi um fenômeno, um rito de passagem adolescente, um estilo de vida para muitos. A tristeza pela dissolução do grupo afetou o mundo inteiro. Mas, então, ganhamos Harry Styles.

O que Harry Styles e seu fã-clube trazem para a discussão sobre fãs e cultura de fãs no contexto de Taylor Swift? Bem, é claro, nunca esqueçamos que ele namorou Taylor por três meses inteiros, inspirando grande parte do álbum *1989*. Harry continua fazendo parte do discurso Swiftie, em especial porque os dois fã-clubes convivem pacificamente.

Vamos viajar para a *Harry's House*, onde o fã-clube parece um pouco diferente do mundo hierárquico e complicado dos Swifties. O mundo de Harry é acolhedor, inclusivo e demonstra muita gentileza… não é?

Sabemos que a história da origem de Harry Styles é única em meio a uma nova geração digital. One Direction foi uma experiência incipiente de *reality shows* de talentos que tomou as redes sociais desde o primeiro dia. Acompanhamos não só a formação da banda, mas também o desenvolvimento de sua confiança. Eles eram adolescentes, e, ao longo dos anos, nós os vimos se tornar homens.

Eles criaram alguns dos primeiros momentos virais (Harry, após Matt Cardle vencer o *X Factor*, se aproximou dele e sussurrou: "Pensa em quanta mulher você vai pegar!". Esse momento atrevido, capturado pela câmera, foi assunto no meio dos fãs e da mídia por *dias*). Esse, talvez, tenha sido o início de um fã-clube que sempre existiu on-line.

Quando Harry lançou seu primeiro single, "Sign of the Times", em 2017, ele se viu liberto do One Direction sem perder os fãs. A arte dele pode ser mais bem definida como "autêntica" e "livre", e, com influência dos anos 1970/1980, Harry conquistou um nicho na música que é completamente a cara dele. Essa nova imagem e muito trabalho duro garantiram a Harry um estrelato com o qual a maioria dos novos artistas solo não pode contar – uma reformulação de marca inteligente, uma identidade forte e única, humanidade e muita humildade tornaram Harry Styles famoso, sem dúvida, além do sucesso do One Direction.

É claro, Harry Styles é um homem muito bonito. A combinação de uma leve timidez com apelo sexual altamente sofisticado, além da presença de palco, significa que Harry pode ser tudo para todos os fãs.

Ele é inocente o bastante para os fãs adolescentes, mas ousado o bastante para os admiradores mais velhos.

Junto com a evolução de um senso de moda experimental e vanguardista, Harry Styles realmente tem o pacote completo para atrair uma multidão de fãs.

Chorando de um jeito legal

Harry apareceu no segmento já viral de James Corden do *The Late Late Show: Carpool Karaoke*, em maio de 2017. Com oitenta milhões de visualizações no YouTube até o momento, aquela foi a peça definitiva de relações públicas não apenas para um novo álbum, mas para o próprio Harry como artista solo recente. Em uma troca de James e Harry, entre as músicas, eles reencenam uma cena do *Titanic*, momento icônico que definiu Harry Styles. Quando questionado se ele está chorando, Harry afirma:

> "Eu choro... mas de um jeito legal".

Esse foi o início de algo especial. Harry Styles definiu o espírito de sua marca, e os fãs seguiram o exemplo. A geração "Treat People With Kindness"[62] nasceu naquele momento.

O talento artístico e o sucesso de Harry só cresceram. Sucessos como "Watermelon Sugar", "Adore You" e "Golden" dispararam. Depois veio "Treat People With Kindness". Um videoclipe com a figura mais popular da TV na época, Phoebe Waller-Bridge, de *Fleabag*, mostrou a dupla encenando uma coreografia coordenada em um salão de dança. Harry contava seus passos de dança enquanto avança, e o detalhe encantou seu fã-clube. Se Harry Styles precisava contar seus passos para não se perder, tudo bem se nós também o fizéssemos.

"Treat People With Kindness" tornou-se o testemunho de Harry para o mundo – um testemunho que o fã-clube abraçou.

Se Harry pode ser vulnerável, nós também podemos. Se Harry consegue demonstrar amor pelo nosso planeta, por nossas comunidades, pelas pessoas com quem interagimos, o fã-clube também consegue.

Descrito como **"um catalisador para a aceitação radical"** pela GQ, Harry Styles tem isso em comum com Taylor Swift:

[62] Referência à música "Treat People With Kindness", do álbum *Fine Line*, de Harry Styles, lançado em 2019; significa "trate as pessoas com gentileza".

ambos criaram ondas na indústria musical e também estão mudando a cara da cultura.

Então vamos olhar para a cultura de fã ao redor de Harry. O tamanho do seu fã-clube combinado à sua natureza respeitosa e acolhedora é uma conquista por si só. Mais uma vez semelhante a Taylor, Harry é visto tanto como "rei" quanto como "bebê" – amplamente contraditório, mas aceito e abraçado por seus fãs.

Harry Styles, de modo geral, evitou as críticas ao longo dos anos de sua carreira solo. Seu fã-clube o adora, deleita-se ao observar o crescimento do artista e adora comemorar o sucesso dele nos shows ao vivo.

Love on Tour

A Love On Tour, épica turnê mundial de Harry Styles, começou em setembro de 2021. Sua segunda turnê – todos os shows em 2020 foram frustrados devido à pandemia – foi ambiciosa, e os fãs ficaram fora de si. Em contraste com a turnê menor de 2017, dessa vez Harry tocou em locais enormes, como o Estádio de Wembley e o Madison Square Garden. Comprometido em ver o maior número de fãs possível, a Love On Tour só foi concluída em julho de 2023, o que significa que Harry se apresentou por quase dois anos inteiros.

Essa turnê nos proporcionou uma experiência ao vivo maravilhosa, liderada por Styles, que agora domina o palco.

Também nos deu, como afirmou a *Refinery29* em julho de 2022, um fã-clube que estava redefinindo a moda nos shows.

Sempre houve a cultura de se vestir bem para ir a um show. Faz parte da diversão do evento, e a maioria dos amantes da música pop tem seus próprios potes de glitter ecológico guardados nas gavetas de maquiagem para essa ocasião. No entanto, a Love On Tour elevou o nível, revelando um novo patamar de expressão de identidade por meio da moda em shows.

Olhando para o público da Love On Tour, vemos um senso de direção fortemente definido: boás de plumas coloridos, óculos de sol em formato de coração, tops e calças boca de sino com estampas vívidas dos anos 1970. Glitter e lantejoulas são obrigatórios, e tons de rosa, amarelo, marrom e arco-íris estão em alta concentração. Estampas ousadas incluindo flores, tabuleiro de xadrez e ondas são visíveis em toda parte. A marca própria de Styles, Pleasing, adorna os fãs que têm a sorte de comprar camisetas e suéteres de edição limitada. Os produtos promocionais seguem o exemplo. *Esse* é o visual de Harry Styles, imaginado pelo fã-clube.

Harry Styles cultivou sua identidade na moda ao longo dos anos em que foi crescendo, e isso contribuiu em grande parte para sua capacidade de se destacar como um artista e celebridade imperdível. À medida que sua fama crescia, seu visual se tornava mais experimental e único, cultivando um visual que brinca com texturas, cores e gênero. Há uma vibe meio David Bowie – o forte senso de autodefinição, a rejeição a se restringir às normas da sociedade, a alegria em redefinir o próprio estilo e, portanto, sua identidade, com frequência.

Estilizo, logo existo.

Isso é o que faz Harry Styles ser Harry Styles, e é isso que faz os fãs se esforçarem para fazer experimentações corajosas e ousadas quando estão sob a segura supervisão de seu ídolo.

A moda nos shows está mudando à medida que os eventos vão sendo mais documentados em plataformas de mídia social como o TikTok. Os participantes confeccionam as próprias roupas, costuram, usam cola quente e recriam o que as estrelas estão vestindo, coisa que antes era feita pela minoria. Mas a Love On Tour pareceu ser a origem da dominação dos fãs criativos, homenageando Styles com looks que abraçam tudo o que ele representa. Aqueles que não estavam criando os próprios looks passavam horas vasculhando sites de *fast fashion* em busca da vibe certa. Há duas coisas no cerne desse comportamento. Primeiro: comunidade, com fãs vivenciando uma visão em comum, definindo seu mundo com uma espécie de uniforme; segundo: você pode ser um fã de Harry Styles definido ao menos em parte por sua mensagem de amor incondicional, ir a um show como o da Love On Tour e se sentir pertencente, sentir que está em um lugar seguro para experimentar e descobrir o que o faz ser você. Fazendo isso, você terá todo o apoio de Harry, é claro, mas também dos fãs que estão ombro a ombro com você: um exército gentil que irradia alegria, assim como seu líder.

Creio que a maioria dessas pessoas só queira se divertir bastante depois de anos de restrição pandêmica. Para muitos jovens, a Love On Tour foi seu primeiro show, sua primeira experiência no mesmo ambiente que seu ídolo. Não é algo que vale a pena comemorar?

O compromisso da Love On Tour com a moda de show se estendeu a outros shows pós-pandemia. A Renaissance Tour, de Beyoncé, viu os fãs criarem looks maravilhosos inspirados em seus incríveis trajes de turnê. Claro, a Eras Tour de Taylor Swift ganhou vida própria, os participantes adotando a expressão inclusiva da Love On Tour e transformando-a em uma necessidade quase feral de se expressar por meio dos muitos looks disponíveis no catálogo anterior de Taylor.

A Love On Tour incorporou a cultura de fã que rodeia Harry Styles. Ele fortaleceu um espaço seguro, sem medo das armadilhas do que se espera da fama. Ele cresceu aos olhos do público, mas ainda dedicou seu *ethos* à gentileza. Não é à toa que inspirou milhões de fãs.

Uma linha tênue[63]

Tenho uma coisa a dizer: Harry Styles é um homem.

Não podemos esquecer a diferença entre ser homem e ser mulher na condição de celebridade. Há uma linha tênue,

[63] Referência ao álbum "Fine Line", de Harry Styles, lançado em 2019; significa "linha tênue".

citando Harry, entre fã-clube solidário e misoginia herdada. Nós amamos Harry. Mas será que atribuímos responsabilidade a ele da mesma maneira como fazemos com as estrelas femininas?

Sabemos que a lista de namoradas de Styles é quase inteiramente composta de mulheres famosas: Taylor Swift, Kendall Jenner, Olivia Wilde e uma série de modelos foram ligadas a ele romanticamente. Ele não costuma ser alvo de críticas por namorar celebridades – algo que não pode ser dito de Taylor Swift, que é frequentemente criticada por seus envolvimentos românticos.

Quase todas as críticas ao relacionamento mais recente de Harry com Olivia Wilde foram direcionadas a ela. Estou ciente de que há fãs lendo isto que vão validar o ocorrido. O fã-clube nunca gostou de Wilde, ela não "se encaixava" de maneira alguma na imagem que os fãs queriam para Harry. Isso só se tornou mais dramático à medida que o relacionamento perdurava, e, após a longa saga dos problemas de elenco de *Don't Worry Darling*, os dois terminaram.

Harry continua se desviando das críticas de uma forma que as artistas mulheres raramente conseguem. Ele é elogiado por coisas simples, como andar no lado correto da calçada quando está acompanhado (porque isso é "tão namorado" da parte dele). Os fãs defendem ferrenhamente que ele tenha privacidade, mas também aproveitam, sem dúvida, todas as oportunidades que aparecem de vê-lo agindo como o homem dos seus sonhos. Ele quase nunca é questionado quanto ao seu posicionamento político ou à ausência dele – o *ethos* de "tratar as pessoas com gentileza", juntamente com o apoio à comunidade queer no palco, seja em momentos de apoio aos fãs que querem sair do armário durante o show, seja simplesmente colocando nas costas uma bandeira do Orgulho, parece confirmar que Styles é eticamente correto.

Precisamos de mais Harry Styles em nosso mundo. Precisamos de pessoas em posições de destaque que possam rasgar com confiança e experimentalmente o livro de regras das convenções sociais. Precisamos de celebridades que vão contra a corrente para criar espaços seguros, emocional e fisicamente, para seus fãs. Harry Styles tem mais oportunidades de fazer isso porque é homem? Ele parece capaz de caminhar pela fama e pelas ruas de Londres sem o escrutínio constante de todos ao redor e certamente ganhou a privacidade há muito desejada após a loucura da vida de *boyband*. Poderíamos permitir que Taylor Swift e artistas femininas tivessem a mesma chance?

Harry está certo: devemos, sim, tratar as pessoas com gentileza. Isso inclui nossas estrelas e nossos colegas fãs.

Os espetáculos ao vivo, em particular, podem exemplificar isso com inúmeras oportunidades de encontrar comunidade e alegria.

CAPÍTULO 18

THE BEST DAY

The Eras Tour: quando o fã-clube toma conta da internet

Nunca houve uma turnê como a Eras Tour. Ela começou em um momento interessante da carreira de Swift, e é justo dizer que teve um enorme impacto nela, reposicionando Taylor de artista famosa a ícone da música. É um resultado único, composto de muitas coisas: a recuperação dos álbuns anteriores de Swift, a impossibilidade de haver música ao vivo durante a pandemia – que tirou dos Swifties (e de Taylor) a Loverfest em 2020 – e a intensa presença do fã-clube na internet, que fez algo tão grande parecer possível. E o que temos é grande. Um show realizado ao longo de três horas, a Eras Tour apresenta a vasta coleção de sucessos de Taylor, as músicas favoritas dos fãs e tesouros menos conhecidos, tudo isso feito ao longo da carreira de dezessete anos de uma mulher de trinta e três. Os números parecem impossíveis. E a demanda pelos shows? Inigualável.

Taylor Swift nunca foi tão famosa, mas essa turnê vem também com muita pressão inclusa. Os anúncios deixaram os fãs enlouquecidos, pois os ingressos são mais procurados que as joias da Coroa, mais cobiçados que ingressos para o show dos colegas mais famosos de Taylor e suas próprias turnês anteriores.

I know I tend to make it about me...[64]

Eu sei que o impacto da Eras Tour foi tão forte em mim quanto em você que está lendo isto agora. Única em muitos aspectos, a

[64] Referência à música "ME!" do álbum *Lover;* significa "eu sei que tenho a tendência de fazer a situação ser sobre mim".

lacuna entre a turnê pelos Estados Unidos e o resto dos shows deixou um abismo de anseio, de uma necessidade desesperada que os fãs do mundo inteiro sentiam de testemunhar isso noite após noite no TikTok. Nosso lugar à mesa – ou no topo do estádio – foi conquistado com dificuldade nos Estados Unidos, mas, quando os ingressos foram colocados à venda no exterior, parecia que estava acontecendo uma verdadeira batalha.

A incrível demanda por ingressos da Eras Tour significa que o processo é como nenhum outro: um procedimento tão burocrático que chega a ser irritante, com um milhão de etapas estabelecidas pela Ticketmaster como fornecedor principal.

Quando a turnê pelo Reino Unido foi anunciada, houve uma histeria instantânea. Meu telefone vibrava de hora em hora com amigos, familiares e até clientes me enviando mensagens para dar notícias. É claro que eu já tinha visto tudo. Cada aplicativo de rede social sobrecarregava os algoritmos para me mostrar o conteúdo de Taylor. Consumo tudo sobre Taylor Swift por meio de todas as plataformas digitais disponíveis para mim, ouço suas músicas todos os dias, assisto a todos os vídeos de fãs no TikTok... ei, eu até escrevi um livro sobre ela!

Reagi a todos os círculos de oração com emojis de velas, troquei comentários por mensagem de voz cada vez mais frenéticos com meus amigos e fiz manifestações particulares para conseguir um merecido lugar na turnê.

Eu recebia perguntas e mensagens de amigos de hora em hora porque eles queriam garantir que tinham entendido o processo. Aparentemente, sou a amiga mais bem informada sobre Taylor (tipo, duh!). Ajudar outros fãs com certeza representaria um excelente carma, e eu nunca abandonaria um colega Swiftie em tempos de necessidade.

Em pouco tempo fui persuadida a aumentar meu orçamento inicial dos ingressos (hahaha) a fim de garantir ingressos de hospitalidade. Os estádios que colocaram esses assentos caros antes de as inscrições para a pré-venda acabarem deixaram os Swifties em parafuso. Sussurros nas redes, tramas orquestradas para entrar em contato direto com os estádios, tudo para evitar estresse, emoção e o tempo que talvez perderíamos ficando atrás de milhares de pessoas na fila. Cada canto da internet estava em polvorosa.

Um milhão de pessoas estavam na fila para comprar ingressos para Paris. UM MILHÃO. Sabemos que somos muitos, mas é possível imaginar que somos tantos?

Menos de duas semanas antes de tudo isso, eu havia lavado minhas mãos, frustrada com as escolhas pessoais de Taylor e o ressurgimento do drama no fã-clube, meus próprios limites desafiados pelas controvérsias em torno de seu rompimento com Joe e o drama com Matty Healy.

Ainda assim, à medida que o burburinho crescia em meus círculos sociais, meu coração Swiftie sentia a *necessidade* de conseguir ingressos para a Eras. Meu amor por Taylor reacendeu e a experiência especial de celebrar minha cultura de fã ao vivo foi lembrada.

Cruel Summer[65]: a guerra dos ingressos na Ticketmaster

Em primeiro lugar, saiba que, se você não conseguiu ingressos para Eras, eu sinto muito. Sua hora vai chegar, eu sei.

Sejamos realistas: já se foi o tempo em que era fácil e tranquilo conseguir ingressos para turnês. Se essa é a primeira vez que você vai a um show, acredite, nem sempre foi tão insano. Não foram só os preços dos ingressos que aumentaram substancialmente, a dificuldade para conseguir nossos bilhetes dourados também. Quais foram os passos para conseguir ingressos para a Eras Tour? Vou te contar.

ETAPA 1.

etapa era meio que secreta. Quando *Midnights* foi anunciado, você era incentivado a adquiri-lo na pré-venda para garantir um código para uma futura turnê. Cruzando os dedos para que me oferecessem a chance de tentar comprar ingressos(!), esperei nove meses: uma gestação que produziu o bebê mais cobiçado de todos os tempos dos Swifties.

[65] Referência à música "Cruel Summer", do álbum *Lover*. A música faz parte do ato de abertura da turnê, e o momento de cantar a ponte a plenos pulmões é sagrado para os fãs. Significa "verão cruel."

ETAPA 2.

Datas da turnê. Esperamos meses por esse anúncio. Fique atento e siga todas as fontes Swifties disponíveis na internet – elas podem sair a qualquer minuto.

ETAPA 3.

Cadastro. Esta é uma etapa da qual nunca tive de participar: entrar na Ticketmaster e registrar seu interesse por meio de um formulário, inserindo suas cidades de preferência, seu código postal, sua conta e endereço de e-mail. Foi quando a coisa toda começou a parecer uma loucura... Para que estávamos nos preparando, uma guerra?

ETAPA 4.

Depois vieram os códigos. O código não te dava o direito de comprar ingressos (quatro no máximo, a propósito), mas garantia a *oportunidade* de *tentar* consegui-los. Se você não recebe um código, entra na lista de espera, também conhecida como o purgatório da turnê Taylor Swift. Neste ponto, sou transportada de volta às minhas inscrições na universidade.

ETAPA 5.

O dia de recebimento do código chegou! Só que... não! Muitos Swifties se sentaram ansiosos, abriram a caixa de entrada do e-mail e amaldiçoaram a Ticketmaster por sua lentidão. Eles não sabiam que isso era IMPORTANTE? Então, às 16 horas, todos recebemos um e-mail: as datas e horários da pré-venda haviam sido *alterados*. Pode demorar mais doze dias até você receber seu código, isso *se* receber um. O X vai à loucura.

ETAPA 6.

Insira o momento em letras maiúsculas aqui: TEMOS UM CÓDIGO!!!! Ou a realidade que é muito mais difícil de aceitar: ESTAMOS NA LISTA DE ESPERA ☹. Agora apertem os cintos, porque há TRÊS datas de pré-venda, cada show para cada local à venda em um horário diferente. (Eu sei que estou pulando etapas referentes ao processo completo de pré-venda do *Midnights*. Mas já não passamos pelo suficiente?!)

ETAPA 7.

Pesquisar. Se tiver tempo, passe horas pesquisando tudo o que conseguir encontrar para ter sucesso no dia da venda: conheça a sala de espera, saiba os preços dos ingressos, o layout dos estádios, tudo que possa te dar segurança nesse processo aleatório.

ETAPA 8.

É O DIA DA VENDA. Entre na sala de espera, observe o número da fila diminuir ou uma barra de progresso avançar lentamente… e aí VAI VAI VAI.

ETAPA 9.

OS INGRESSOS SÃO MEUS! Ou… se você não conseguir, tente novamente. E de novo. Sem sorte com Wembley? Que tal uma

Depois de tudo isso, espero que você tenha sido um dos sortudos.

Se sim, você está convidado a entrar no mundo da Eras Tour, com sua lista crescente de regras e recomendações criadas pelos fãs, planejamento de roupas, músicas surpresa e muito mais.

Taylor Swift conduz os fãs por um verdadeiro turbilhão de hits. Com uma introdução de causar arrepios, ela diz: "*It's been a long time coming...*"[66] (a gente concorda). Taylor nos leva através das décadas de música que nos transformaram: os primeiros anos dourados de *Fearless*, a era de *Reputation* adornada com cobras, a intimidade assombrosa de *Folkmore* e muito mais. É uma experiência íntima e uma sensação viral.

As hashtags da Eras Tour no TikTok têm mais de 25 bilhões de visualizações.

Essa turnê tem uma presença de público on-line como nenhuma outra antes. Por quê?

A TikTokização da música ao vivo

É inegável que o TikTok mudou para sempre a música ao vivo. No clima cultural em que estamos hoje, as regras de apresentação mudam todos os dias.

[66] Trecho da música "Miss Americana and the Heartbreak Prince"; significa "já faz bastante tempo...".

Se pensarmos na música ao vivo pré-covid-19, seria difícil imaginar naquela época a possibilidade de assistir ao show do seu artista favorito em dezenas de vídeos nas redes sociais. Se você não conseguir os ingressos, pode carregar sua FYP e passar horas vendo filmagens da Eras Tour: vídeos em Ultra HD e com zoom das performances de Swift de todos os ângulos imagináveis, acompanhados de comentários admirados exigindo saber:

> "Com o que você filmou isso?
> Com os seus OLHOS?".

Taylor usa suas turnês para fazer surpresas, seja trazendo seus amigos famosos (Ed Sheeran, Haim, Paramore, entre outros) para apresentar uma música consigo ou um cover exótico de uma música escrita na cidade em que ela está tocando. Na Eras Tour, recebemos "músicas surpresa"; Taylor seleciona duas músicas de seu extenso catálogo toda noite para tocar uma versão acústica.

As músicas surpresa são tema de milhares de postagens on-line, com fãs elaborando planilhas para documentar ansiosamente as performances antes de seu próprio show. Sabendo que todas as suas músicas são extremamente queridas, esta é uma estratégia inteligente de Swift para apresentar o maior número possível delas na turnê, além de garantir que cada show seja uma experiência única para os fãs.

Mas a parte mais interessante é a análise feita de cada música escolhida, talvez para entender melhor nossa artista de alguma maneira. Isso só se intensificou após o término de Taylor e Joe Alwyn.

Graças ao contexto da Eras Tour, pudemos testemunhar noite após noite o processo de Swift após ter o coração partido. As músicas surpresa passaram de um divertido jogo de adivinhação para fãs cruzando os dedos e torcendo por sua música favorita, um jogo de procurar traços de tristeza e decifrar o estado de espírito de Taylor. Combinar músicas de término, como "Begin Again" e "Cold As You", em uma noite fazia o TikTok transbordar de comentários: "Joe, o que você FEZ?!".

Cada letra, cada expressão facial, cada inflexão podiam ser vistas e examinadas on-line. Uma performance de "I Don't Wanna Live Forever" (sem nenhuma introdução falada de Taylor, o que é incomum) pegou o público extasiado de surpresa, pois não sabíamos que as músicas de trilha sonora estavam valendo. No TikTok, quatro milhões de pessoas assistiram a um clipe de Swift chorosa e em sofrimento, perguntando-se em voz alta, junto com a gente, se ela havia perdido o amor de sua vida.

Esse vídeo viralizou na mesma hora, aumentando a mitologia de Swift e a íntima conexão pessoal que todos temos com ela. É sem precedentes saber que uma artista está revivendo um recente término conosco, ao vivo, no palco, e redefine a narrativa de longa data de que os detalhes privados de sua vida amorosa não são mais apenas sugeridos em letras sutis ou momentos roubados em fotos de paparazzi. Não, agora ela pode nos contar diretamente, por meio de sua escolha de músicas surpresa.

Não sabemos se as músicas surpresa são escolhidas com antecedência ou se Taylor decide na noite o que sente ser mais adequado. Se for a última opção, no caso de "I Don't Wanna Live Forever" e de outras canções tristes escolhidas perto do término com Alwyn, então estamos vendo algo brutalmente vulnerável e autêntico – o que sempre nos foi prometido por Swift. A Eras Tour se tornou, aparentemente por acidente, uma plataforma para aumentar o vínculo que partilhamos com ela e o acesso que temos à sua vida.

I can still make the whole place shimmer[67]

A sensação de sempre estar sendo gravado que o TikTok nos dá levou a um novo fenômeno entre os fãs, tanto para a Eras Tour quanto para outras, incluindo Beyoncé, Harry Styles e The 1975: a documentação quase obsessiva dos trajes dos artistas em turnê.

Sempre houve uma obsessão cultural por roupas. Somos muito influenciados pelo que as celebridades e figuras públicas usam desde muito antes do TikTok – e, de acordo com a Love On Tour, de Harry Styles, queremos imitar e honrar o amor dos nossos amigos famosos nos vestindo para impressionar.

Mas a Eras Tour de Taylor Swift ofereceu a ela a oportunidade de brincar com *dez* looks diferentes. Ela brilha em dourado para o *Fearless*, reluz em seu icônico conjunto de duas peças no set de *1989*, aparece etérea em vestidos esvoaçantes com mangas

[67] Referência à música "Bejeweled", do álbum *Midnights*; significa "eu ainda consigo fazer o lugar todo brilhar".

sino para o *Folklore* antes de finalmente passear em um body azul-escuro deslumbrante para o encerramento com o set de *Midnights*.

Taylor rotaciona a seleção de seus figurinos, presumivelmente por razões práticas, além de ser, sem dúvida, uma maneira de trazer variedade às fotos e vídeos feitos pelo público, diferenciando as noites umas das outras na fotografia de mídia e nas postagens em redes sociais. Mas o fã-clube tomou essa variedade de figurinos como um presente pessoal, registrando cada precioso novo visual com vídeos dedicados, gastando mais de cinco minutos discutindo diferentes tons de glitter, de cores e, novamente, é claro, possíveis *Easter eggs*.

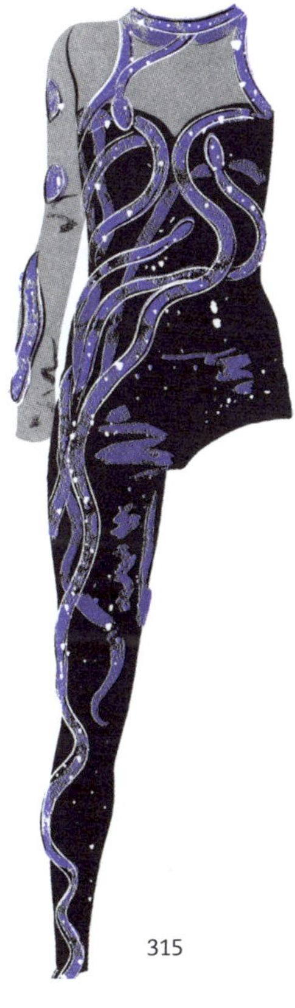

Nas primeiras semanas da turnê, a camiseta 22 de Taylor foi alvo de muita análise. As três mensagens diferentes incluíam:

[68] Significa: "Muita coisa acontecendo no momento".
[69] Significa: "Quem é Taylor Swift, afinal? Eca".
[70] Significa: "A gente nunca vai voltar a ficar junto. Tipo, nunca".

E não termina aí. Algumas letras estavam escritas em vermelho. Para o bem dos completistas, as letras eram: A LOT, EW e NEVER EVER.

É claro que Taylor estava apenas enfatizando frases-chave para causar efeito, certo? Não. Os fãs estavam convencidos de que Taylor estava enviando uma mensagem: mas qual era? As letras vermelhas mudariam todas as noites? Ela estava tentando nos dizer que um novo álbum estava chegando? Era *Speak Now (Taylor's Version)*? Centenas de vídeos reproduziam a "forca" Swiftie, mostrando o que já tínhamos e o que talvez estivesse por vir:

__EA_ NOW TA_LORS VER___N

Era um caso convincente. Precisávamos apenas de seis letras para completar o quebra-cabeça do *Easter egg* da camiseta da turnê! Essas seis letras algum dia chegaram? Não. Era para terem chegado e houve algum problema com as roupas? Nunca saberemos. Será que essa palhaçada, essa busca por evidências em letras vermelhas que durou semanas alguma vez chegou ao fim? Não. A maior questão, no entanto... isso importa? A diversão de tentar desvendar é bastante satisfatória, e, se os fãs algum dia resolveram o mistério daquelas camisetas, isso aconteceu depois que este livro foi para a impressão.

Aliás, *Speak Now (Taylor's Version)* foi anunciada como parte da turnê, um momento épico que viu suas roupas tornarem-se roxas em homenagem, dando outro motivo para os fãs ficarem encantados. É sempre possível no multiverso de Taylor Swift que os *Easter eggs* sejam reais – e Swift pode contar com seus fãs para encontrá-los e celebrá-los.

Além das brincadeiras de esconde-esconde com os figurinos da turnê, há conteúdo a ser encontrado em novos looks. Os fãs enlouqueceram com um novo vestido verde-sálvia que tem um deslumbrante recorte de renda, usado no set de *Evermore*. Nunca foi tão importante estar bem-vestido em turnê como artista. Se você puder oferecer aos seus fãs algo tão simples como uma roupa bônus, isso será assunto na internet por dias. Toda essa mídia boca a boca gera um baita burburinho, uma necessidade de comparecer pessoalmente à turnê e ver com os próprios olhos. A compulsão de se envolver com a Eras Tour em todos os níveis fez com que os fãs pagassem milhares de dólares por ingressos de última hora, ou até mesmo para participar do "Taylor-gating": ficar no estacionamento para assistir ao show de longe.

A separação financeira entre estrela e fã nunca foi tão clara como quando exploramos as especificidades dos trajes da Eras Tour. Taylor Swift manteve um senso de cumplicidade forte com seus fãs. Quanto mais famosa ela fica, mais sua vida é diferente da dos fãs que a amam, mas Taylor é boa em disfarçar sua extrema riqueza. Vemos somente vislumbres de sua vida privada, com Swift frequentemente optando por roupas casuais e simples fora dos tapetes vermelhos.

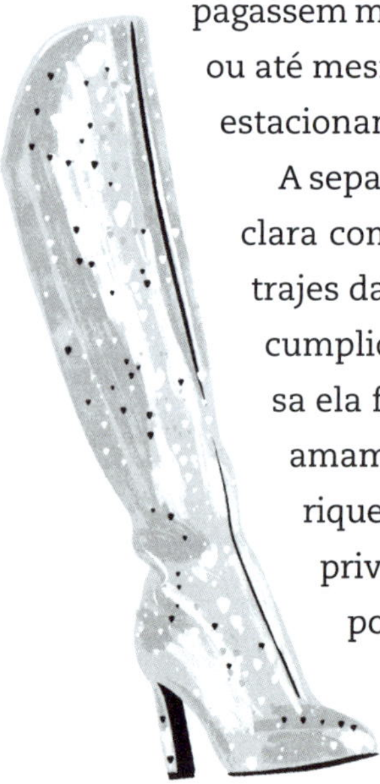

Seus trajes de turnê são apresentados de maneira semelhante: por mais bonitos que sejam, é impossível interpretar o valor. O primeiro sinal do *upgrade* no guarda-roupa da turnê de Swift foi a cor vermelha nas solas de todas as botas – marca registrada de Christian Louboutin, cujas botas custam em média cerca de £2.000. Swift tem dez tipos de bota diferentes em sua turnê, fazendo com que o valor contido apenas dos tornozelos para baixo exceda cerca de £20.000.

Há também bodies personalizados de Roberto Cavalli e Versace, vestidos de baile de alta-costura feitos por Ellie Saab e vestidos extravagantes da estilista de luxo italiana Alberta Ferretti – crédito total para @taylorswiftstyled por essas informações. Aquele vestido verde-sálvia que mencionamos? É um vestido personalizado que deve valer mais de £5.000. Claro, Swift aparece com um look de milhões em cada ato da turnê; o efeito vale o orçamento gasto.

A mais recente turnê de Beyoncé, Renaissance, apresenta uma lista semelhante de roupas personalizadas de alto design, deixando para trás os dias de moletom com capuz customizado e shorts curtinhos (o conjunto que ela usou no Coachella com duas versões de uma única roupa – rosa e amarelo – agora parece modesto).

Embora essas superestrelas globais sempre tenham usado roupas caras e personalizadas para se apresentar, isso nunca foi tão documentado, o que permite que os fãs vivenciem os shows como nunca antes. Estamos diminuindo a distância entre o que entendemos que nossas estrelas são capazes de fazer e o que esperamos que elas continuem fazendo para nos estimular visualmente, mesmo que não estejamos no show.

É claro, os artistas são apenas parte da história. Os fãs também estão reinventando a experiência da turnê, tanto em termos de moda, como já observamos, quanto em termos de criatividade, momentos virais e vínculo comunitário.

So, make the friendship bracelets[71]

A *leg* americana da Eras Tour aconteceu de março a agosto de 2023: impressionantes cinquenta e três datas da turnê mais longa em que Swift já embarcou, acumulando mais de cento e cinquenta horas cantando, desfilando e entusiasmando a multidão.

No início da turnê, o conteúdo era uma incógnita, e os fãs não paravam de especular, considerando o setlist, as performances e muito mais. Uma postagem de Taylor no Instagram na semana anterior ao primeiro show da turnê pareceu inspirar o começo de uma grande tendência virtual: uma foto de suas unhas, cada uma pintada de uma cor diferente, representando cada era, cada álbum de sua carreira. Isso gerou uma onda de conteúdo de fãs que compartilhavam vídeos

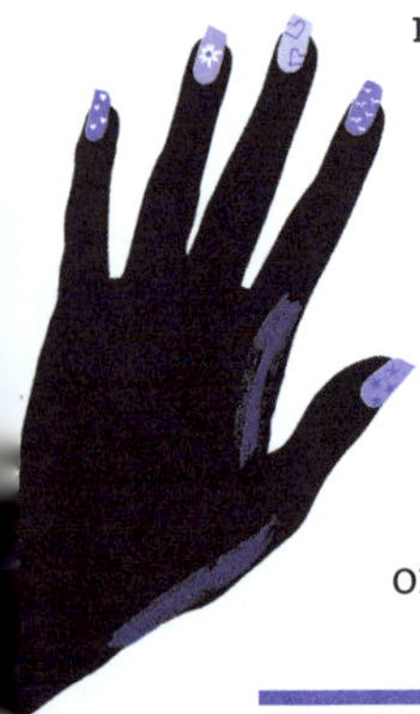

[71] Referência à música "You're On Your Own, Kid", do álbum *Midnights*; significa "então faça as pulseiras da amizade".

deles se preparando para o evento e mostrando sua fidelidade a um álbum específico, ou (é claro) a uma era específica.

Os fãs americanos tiveram a oportunidade de dar o exemplo do que significava ser um espectador da Eras Tour, e sua influência definiu a maneira como o resto do mundo celebra esse evento épico. Como resultado, aqueles que compartilham a experiência nas redes sociais transformaram os shows em um verdadeiro *Rocky Horror Show*, com a participação do público criada por eles mesmos, incluindo aprender musiquinhas e gritos de guerra, ideias de roupas, tipos de maquiagem e muito mais.

Há elementos da turnê que viralizam todos os dias. Uma das demonstrações mais lindas do fã-clube mostra quão unificadora pode ser a cultura de fã: as pulseiras da amizade. Este é um ritual que só podia ter sido criado pelas multidões americanas, tão acolhedoras e expressivas. E que bela expressão!

O *Midnights* traz a muito amada faixa cinco, "You're On Your Own, Kid", na qual Swift relata sua jornada pessoal, seus anos de juventude até agora, com nostalgia e lamento. Suas habituais letras afiadas passam por uma análise sem julgamento das dificuldades que ela venceu até chegar aonde está agora. Como parte dessa música ela declara: "Então faça as pulseiras da amizade", encorajando-nos, como ouvintes e fãs, a aproveitar os bons momentos e a desfrutar a vida em sua diversidade, incluindo na dor.

Os fãs pegaram essa expressão de nostalgia e símbolo de amor e criaram algo maravilhoso. A iniciativa levou a uma bela demonstração de generosidade entre os fãs nos shows: os mais dedicados chegavam (a princípio) com saquinhos *ziplock* cheios de pulseiras da amizade feitas em casa com miçangas. Elas combinavam os álbuns, as Eras, os títulos das músicas, letras e frases-chave de todo o catálogo da Taylor Swift. Até agora, é adotado pela maioria dos espectadores como uma maneira de quebrar o gelo, fazer amigos ou simplesmente agir com gentileza.

Os fãs no TikTok mostram os braços repletos de dezenas de pulseiras enquanto conversam e fazem amizade com outros fãs, trocando os acessórios entre si. As pulseiras da amizade costumam estar mais associadas à juventude e à pré-adolescência e oferecem uma nostalgia pessoal, ao mesmo tempo que se enquadram perfeitamente no ressurgimento da tendência dos anos 1990, uma época em que as joias com miçangas eram muito procuradas.

As pulseiras da amizade demonstram o poder da cultura de fã: um mundo onde o vínculo e a dedicação à música e à cultura vão além do artista e se transformam em uma atividade conduzida pela própria comunidade.

Você não precisa procurar muito para encontrar cenas emocionantes na internet envolvendo essas pulseiras. Um vídeo mostra uma menina de no máximo sete anos interagindo com um segurança no local enquanto passa vários minutos considerando qual das pulseiras no braço dele, provavelmente também presenteadas por fãs, é a certa para ela. O segurança é encorajador, paciente e fica emocionado com o momento; talvez não esperasse receber e distribuir acessórios cheios de significado em seu turno naquela noite.

Em outros vídeos, celebridades de destaque são vistas na tenda VIP. Em alguns, dá para vê-los se deleitando em trocar pulseiras com fãs de carteirinha – Ben Stiller, por exemplo, ator de comédia famosíssimo, aparece em um vídeo em que, de repente, não é apenas uma megaestrela de Hollywood, mas um cara normal animado para ver qual letra significará mais para os fãs ao seu redor, pegando pulseiras alegremente por cima da barreira atrás de si.

Da mesma forma, uma narrativa positiva em torno das escolhas de roupas para a Eras Tour inundou as plataformas virtuais. Um áudio viral do TikTok pareceu iniciar essa atividade altamente documentada: a voz de Taylor (na verdade, uma produção de IA) proclama: "Uau, seu look para a Eras Tour está TÃO incrível" combinada com o refrão de *Karma*. O áudio foi usado dezenas de milhares de vezes como pano de fundo para vídeos de fãs mostrando seus looks, inspirados nas múltiplas reinvenções de Swift, que vão desde confecções caseiras a combinações nada óbvias. Vemos fãs descalços, de pijama, juntos ou sozinhos, antes de o look final ser revelado.

A variedade de looks, tipos de corpo, grupos de amizade e orçamentos, aliados à interminável torcida e aceitação nas seções de comentários, é incrível. Não há outra ambição senão a de mostrar sua dedicação a Taylor, seu amor e lealdade por um álbum, uma música ou um momento favorito. Bem se sabe que Swift declarou não haver espaço em seu fã-clube para brigas internas (apesar da hierarquia que sabemos existir) – a Eras Tour e as celebrações em torno dela demonstram isso. Pelo menos por enquanto, esse princípio retirou boa parte da tensão e permitiu que os fãs celebrassem seu ídolo. Também estamos celebrando mais que isso: estamos celebrando a nós mesmos e uns aos outros; nossa comunidade que só existe porque os fãs querem se unir, porque a cultura de fã é especial.

Com a Eras Tour se tornando global – o anúncio de datas pela Europa, Ásia, Austrália e Nova Zelândia tornaram esse o maior empreendimento de Swift de todos os tempos –, é possível que a celebração de toda a sua carreira em um único show, por vários meses e com milhões de visualizações, tenha ajudado a solidificar sua posição como uma das celebridades mais confiáveis em atividade hoje. Os fãs seguem o exemplo de Taylor – é aí que reside o seu poder –, mas essa maneira de unificar o fã-clube pela primeira vez em anos, supervisionada pela própria Taylor, parece ter sido construída apenas com base no amor e dedicação que ela recebe em troca.

No fim de *Miss Americana*, Swift compartilha seus sentimentos a respeito das Eras afirmando que uma celebridade deve "Viver uma narrativa que eles [o público] achem interessante o suficiente a ponto de ficarem entretidos, mas não tão louca a ponto de deixá-los desconfortáveis. Essa é

Estamos celebrando a nós mesmos e uns aos outros; nossa comunidade que só existe porque os fãs querem se unir, porque a cultura de fã é ESPECIAL.

provavelmente uma das minhas últimas oportunidades de alcançar esse tipo de sucesso, então, não sei... tipo, conforme vou chegando aos trinta... quero trabalhar pesado enquanto a sociedade ainda tolera que eu faça sucesso".

A sociedade de fato continua a tolerar, elogiar e celebrar Taylor Alison Swift. Ela percorreu um longo caminho desde *Miss Americana*, e espero que a enorme expressão de amor e apoio em torno da Eras Tour a tenha ajudado a lidar com algumas dessas inseguranças e medos de que ela não será aceita como é.

A lembrança da estrela Taylor Swift, e de suas muitas Eras, talvez tenha levado a uma reinvenção pessoal. Esse espetáculo, essa demonstração que marca a sua carreira de uma década, as muitas faces de uma mulher que é amada por tantos, é mais que apenas uma proposta capitalista, é a prova de que

nós, os fãs, precisamos de todas as versões da arte dela. E acho que Taylor talvez precisasse também.

Nós vamos escolher, uma vez seguida de outra, celebrar Taylor Swift nessa escala. Como fã-clube, queremos sempre apoiar as escolhas de carreira dela, abraçar suas ofertas artísticas e segui-la aonde quer que vá. Claro, foi difícil conseguir ingressos para a Eras Tour. Mas tudo isso faz parte da jornada que seguimos como fãs e representa nossa dedicação em apoiar Taylor em qualquer empreendimento.

CAPÍTULO 19

BLANK SPACE[72]

O futuro da cultura de fã

[72] Referência à música "Blank Space", do álbum 1989; significa "espaço em branco".

Como artista, ou mesmo como qualquer pessoa pública, dar seguimento a um evento histórico é, sem dúvida, um desafio. Como alguém planeja a próxima marca que vai deixar no mundo quando a ação em curso agora é tão monumental e revolucionária que quebra todos os recordes, literalmente melhora a economia e muda a cara da cultura de fãs como a conhecemos? São tantas as marcas que a Eras Tour está deixando, tanto na sociedade como no fã-clube, que todos os olhos estão agora voltados para Taylor Swift.

Na verdade, parece que celebrar o passado de Swift deixou uma lacuna aberta para o futuro, em termos de carreira e indústria para ela, mas também a respeito do fã-clube.

Ele hoje já é único, um produto de como nossa sociedade se desenvolveu e de como os smartphones assumiram o papel fundamental de conexão. Já se foi o tempo em que os fãs eram relegados à margem, gritando, tidos como histéricos, considerados incapazes de pensar direito quando se tratava de seus ídolos, fossem eles os homens de Liverpool ou adolescentes de reality shows. Não. Os fã-clubes hoje estão se tornando uma colaboração entre artista e público.

O significado de ser Taylor Swift e o significado de ser fã de Taylor Swift são coisas que existem em parceria.

Não me refiro nem peço que sejam abertos sindicatos de fãs; não precisamos de um aperto de mão oficial para orientar os próximos passos dos influenciadores e artistas. Em muitos aspectos, esses sindicatos já existem, um fio invisível[73] entre nós e Taylor.

Quando olhamos para a quantidade de coisas malucas que aconteceram apenas nos últimos cinco anos – a pandemia definiu a vida e a identidade de muita gente, impedindo a experiência de crescer no mundo real com amigos, passar por momentos embaraçosos e fazer escolhas questionáveis –, não é surpreendente que os jovens procurem algo para admirar e em que se inspirar. Todas essas experiências definem o que é crescer e lançam a primeira luz sobre quem você pode se tornar. Mas aos olhos da geração Z, que tem os amigos tão próximos – pelo menos tecnologicamente – quanto as estrelas e ídolos, a vida virtual nunca foi tão importante quanto agora. Buscar consolo e comunidade em fã-clubes costumava ser algo que acontecia apenas com os mais obcecados de nós, os detetives da internet que buscavam companhias cujos gostos eram semelhantes, mas agora isso está ao nosso alcance, só esperando nossa decisão de passar pela porta virtual e desfrutar.

Em um mundo onde vivemos tanto tempo on-line quanto off-line, recorremos às redes sociais e aos talentos mais presentes e disponíveis por lá para esculpir nossa própria identidade à medida que celebramos suas personas e compramos (literalmente) suas marcas.

[73] Referência à música "Invisible String", do álbum *Folklore*.

Isso é uma coisa ruim? Esta será, sem dúvida, a pergunta que todos farão enquanto o fã-clube avança e se espalha pelo *mainstream*. Quais serão as implicações na vida das pessoas, ou mais especificamente, na vida dos *jovens*? Existem muitos artigos, livros e pesquisas sobre o impacto que as mídias sociais já tiveram em nossa vida, mas os fã-clubes e a cultura de fã só são analisados de verdade nos círculos acadêmicos ou sussurrados com orgulho por aqueles que estão na fonte.

Nos últimos doze meses, a palavra "parassocial" começou a aparecer cada vez mais em artigos de reflexão na cultura pop sobre famosos, inspirações e fãs. Taylor Swift está na mídia o tempo todo, tudo o que ela faz é documentado, seja com teorias de fãs, seja em dicas de *blind items*, comentários na internet ou reportagens da BBC News sobre como é difícil conseguir ingressos para a Eras Tour. Essa cobertura simplesmente não existia há um ano, mas, agora que os fãs têm liberdade para expressar quanto amam nossa amiga Taylor, todo mundo está começando a se atualizar.

Há artigos na *Cosmopolitan* sobre *Camp Gaylore*, uma coluna permanente na *Refinery29* sobre fenômenos de fãs, entrevistas perguntando diretamente a celebridades sobre a cultura de seus fãs on-line. Então, se eles estão se atualizando sobre o nosso mundo, o que mais poderia mudar?

Quero me concentrar nos aspectos positivos. Se as relações parassociais estão aumentando a nossa proximidade e, portanto, aumentando também a influência de estrelas como Taylor e Harry sobre nós, que tipo de influência elas terão nas gerações mais jovens? E não me refiro apenas aos gostos musicais, acho que é muito mais profundo que isso. Já estamos vendo as mudanças. Olivia Rodrigo, a cantora e compositora californiana de vinte anos que vimos no Capítulo 6, iniciou sua carreira como atriz e cantora da Disney. Olivia, logo após a adolescência, alcançou fama quase instantânea com uma virada radical para a arte solo. Seu álbum de estreia, *Sour*, é um álbum pop reflexivo e honesto que descreve em detalhes brutais a experiência de romper com seu primeiro amor. Para ser mais específica, Olivia conta para nós, ouvintes, os detalhes do término *dela* com o primeiro amor *dela*. É, obviamente, um ótimo álbum. O exame de consciência que ela faz, o sofrimento que compartilha, a moderada acidez... talvez nada disso existisse sem o caminho traçado por Taylor Swift conduzindo a um estilo de música mais aberto, honesto e autêntico.

Taylor Swift está nos ensinando a ser mais reais?

Estão desaparecendo os dias em que os receios da vida adolescente e as emoções dos jovens adultos não importavam para ninguém, criando uma solidão tão palpável e memorável que ainda sinto arrepios ao lembrar.

Nosso espírito adolescente, nossa tristeza e nossos sentimentos intensos não são mais uma experiência isoladora, mas um grito de guerra.

Temos nomes como Sabrina Carpenter, Maisie Peters e a megafamosa Billie Eilish abrindo seus corações enquanto abrimos nossas carteiras, compartilhando seu talento musical conosco junto com seus sentimentos mais íntimos, e nós não nos cansamos de acompanhar. A música "Ceillings", de Lizzie McAlpine, uma faixa modesta e genuína, viralizou no TikTok. Com uma letra romântica e inocente sobre o amor jovem e a fantasia, Lizzie capturou em três minutos o que tantos adultos não conseguem entender sobre suas próprias experiências adolescentes ao longo da vida; elas são esquecidas por muitos, depois de um tempo.

As gerações mais jovens, no entanto, não precisam dos adultos. Esses jovens têm uns aos outros em todos os níveis da cadeia alimentar: podem ser os amigos no Snapchat para quem enviam mensagens diretas ou o compositor favorito que os enxerga através de composições.

Graças a Taylor, graças às redes sociais e aos jovens incríveis que existem agora (você mesmo – oi!), estamos abrindo a porta para uma legião mais vulnerável de talentos virais, nascidos de músicos que ainda são jovens também e estão tentando dar sentido à vida. Na verdade, nunca fica mais fácil, mas será que esse movimento está ajudando os jovens a se sentirem vistos e, como tal, a sentirem menos medo de abraçar a vida sem hesitação, mesmo as partes ruins dela?

O respeito por seus jovens fãs tem sido algo que estrelas como Taylor têm demonstrado em abundância. Veja o texto da postagem dela pedindo aos fãs que pensem na hipótese de votar em 2018:

> "Tantas pessoas inteligentes, atenciosas e seguras de si completaram dezoito anos nos últimos dois anos e agora têm o direito e o privilégio de fazer valer seu voto!".

Esse exemplo de como se dirigir a um público jovem foi característico de Taylor em seus anos de desenvolvimento como superstar e criou um sistema de confiança mútua com seus fãs. Os jovens adultos podem ser os maiores, mais barulhentos e mais apaixonados campeões na vida. Se seus artistas lhes mostrarem amor e respeito, eles retribuirão em dobro.

É assim que mostramos a eles seu valor e os ajudamos a compreender que sua voz é importante. Isso pode mudar vidas.

Parece que nossos ídolos hoje nos levam mais a sério que nossos professores, nossos pais, nossos legisladores. Eles entendem o que estamos passando, e isso nos *fortalece*.

Vivemos em um mundo onde, por causa da pandemia, os jovens sentiram seu espírito viajar para os lugares mais sombrios muito antes de eles mesmos verem o mundo. Sem estrutura e redes de apoio, sem os relacionamentos significativos que ajudam os adolescentes a alcançar todo o seu potencial, ser um jovem durante a pandemia deve ter sido uma droga; os momentos mais importantes foram arrancados das mãos deles. Pode parecer insignificante, mas ir ao cinema com seus melhores amigos ou entrar furtivamente em uma festa só para ter um vislumbre do seu crush, ou se sentar ao lado de seu aminimigo na aula e se sair melhor na matéria que ele… tudo isso importa muito mais do que imaginamos. Foram três anos em que nossos adolescentes simplesmente não tiveram nada disso.

A busca por apoio na música, na arte e nas plataformas digitais foi mais importante que nunca e não foi apenas uma tendência passageira – as comportas continuam abertas. Acho que isso tem o poder de tornar o nosso mundo um lugar melhor.

Terapia e saúde mental são discutidas com mais liberdade na mídia, na música e na vida cotidiana. A amplitude da conversa sobre inclusão aumenta sem parar, com produções como o incrível *Heartstopper* convidando os jovens a se aceitarem como são. Mais jovens participam de protestos e comícios, pedindo um governo melhor, direitos melhores e aceitação para todos, que as alterações climáticas sejam combatidas e que o consumo de plástico seja reduzido. Greta Thunberg tinha quinze anos quando seu ativismo pelas alterações climáticas começou a ganhar destaque nos meios de comunicação social. Não é de admirar que a próxima geração se chame Alfa – essa galera está colocando a mão na massa, apesar das próprias adversidades.

A cultura de fã, nossas comunidades e nossos ídolos estão ajudando a fazer dessa a nova realidade?

Já faz um tempo que a voz dos adolescentes vem sendo ouvida. Pelo menos em parte, é graças às ações ousadas e corajosas de artistas como Taylor Swift que estamos onde estamos hoje – não falo apenas do fato de serem superestrelas politicamente posicionadas ou de usarem seu dinheiro para apoiar causas (embora isso ajude), mas de mostrarem seu verdadeiro eu para nos ajudar a encontrar o nosso.

Hoje em dia, não dá para você piscar sem ver um tweet sobre o impacto de Taylor Swift (talvez seja apenas meu algoritmo superalimentado, para ser justa).

Ao levar a cultura de fã a sério, damos a ela poder e, ao dar-lhe poder, damos a ela espaço para gerar mudança.

E, quando digo mudança, me refiro a quê? A um futuro com mais possibilidades, mais otimismo e vulnerabilidade. Taylor Swift mudou minha vida de muitas maneiras. Ela me ajudou a me tornar uma pessoa que consegue expressar os próprios sentimentos, que consegue encontrar valor e significado nos momentos mais difíceis. Eu cresci em um mundo onde isso não era a norma e, por isso, demorei quase trinta anos para ver a transformação acontecer de verdade e me dar conta do impacto que isso teve em mim. Sou uma mulher que gerencia o próprio negócio, em parte por causa de Taylor Swift. Me sinto segura com a minha personalidade direta e teimosa, em parte por causa de Taylor Swift. Consigo me defender e ter conversas difíceis sem sentir vergonha e, adivinhe! É por causa de Taylor Swift. Ela me ajudou a traçar um caminho que parecia certo para mim e a defendê-lo.

Vamos fazer do mundo
um lugar melhor
abrindo nosso coração
e nossa alma. Vamos
fazer o que Taylor
Swift fez:

shake it off ou
seguir tentando.

Se o cenário tivesse sido diferente, se meu amor tivesse sido legitimado antes, quem eu seria hoje?

Isso me deixa entusiasmada e deveria entusiasmar você, a pessoa jovem que está lendo este livro. Sua artista favorita é inspiradora, inteligente, engraçada e tem tino para os negócios. As outras estrelas pop de quem você gosta, também. Há tantas jovens mulheres no palco hoje que se preocupam com você e com o que está passando. Você está em contato com suas emoções e tem alguém com quem as vivenciar. À medida que for crescendo, vai entender que é *legal* ser uma pessoa ambiciosa. É possível se apresentar como uma defensora da mudança ou como uma líder que tem talento para ganhar muito dinheiro. E, enquanto você faz essas coisas, pode experimentar a vida e o amor, compreender a si mesma e ao mundo ao seu redor um pouco melhor a cada passo confiante (ou hesitante, quem se importa?) que você dá. Vamos fazer do mundo um lugar melhor abrindo nosso coração e nossa alma. Vamos fazer o que Taylor Swift fez: *shake it off* ou seguir tentando. Sinta-se linda, ou complicada, ou vingativa, ou malvada, ou romântica. E conte-nos tudo a respeito, por favor, para que a geração seguinte continue abraçando esse movimento de fazer as pazes com a própria complicação. Estarei observando como você faz.

CAPÍTULO 20

DEAR READER[74]

Epílogo

[74] Referência à música "Dear Reader", do álbum *Midnights*; significa "querido leitor".

Meu objetivo ao escrever este livro não era analisar a cultura de fã de uma perspectiva externa nem desvendar o nosso mundo para as pessoas que não o entendem. Escrevi este livro para você, para mim e para qualquer pessoa que já tenha sido fã de alguma coisa. Ser fã mostra a capacidade de abrir o coração, de amar com toda a força, e acho que essa coisa tão alegre deve ser comemorada. Como já exploramos, a cultura de fã é linda, louca e intensa. Espero ter ajudado você a entender um pouco melhor e talvez a se entender ao longo do caminho.

Se eu puder pedir que você retire uma única lição deste livro, é a seguinte:

Honre sua admiração de fã, acredite na sua voz interior, mas também saiba quando você deve questionar sua percepção.

Quando amamos uma estrela e confiamos completamente na ideologia dela, é fácil tomarmos tudo o que pensamos saber, ou o que ouvimos, ou aprendemos como verdade absoluta. Fã-clubes são comunidades cheias de hierarquia e expectativas, e o mundo das celebridades é ainda mais confuso.

Já não vivemos em um mundo onde é possível nadar contra a corrente e sair livre de consequências, especialmente quando se trata de uma figura pública. Queremos partilhar o que pensamos e sentimos, o que é importante para nós e, mais que tudo, queremos ter certeza de que a nossa perspectiva se alinha com a daqueles que existem na mesma comunidade

que nós, que gostam das mesmas coisas de que gostamos.

Mas espero que, ao longo da nossa jornada juntos, tenhamos descoberto que há sempre mais do que aparenta a superfície quando se trata de opiniões, pontos de vista e, é claro, amor. A cultura de fã é uma coisa alegre, mas vem acompanhada de emoções intensas. Essas emoções podem nos levar a fazer julgamentos errados ou a esquecer as pessoas da vida real que existem por trás das redes sociais, ou da música, ou da persona pública.

Esses são os altos e baixos da cultura de fã e, de fato, refletem os altos e baixos da nossa vida.

Nós, humanos, somos um grupo bastante previsível e nos sentimos facilmente ameaçados, magoados e irritados. Também adoramos sentir que as pessoas nos entendem e que a *nossa* tribo está do *nosso* lado. A internet nunca nos deu tantas oportunidades de esbarrar com as tribos que nos incomodam, ou que não correspondem às nossas ideologias pessoais. Fica aqui minha pergunta para você: se essas pessoas não estivessem on-line, mas sentadas ao seu lado no parque, ou na festa de aniversário de um amigo com você, como as julgaria? Veria as opiniões delas de outra maneira, as ignoraria e seguiria em frente?

Suponho que estou querendo dizer o seguinte: há pessoas on-line que são problemáticas e há pessoas on-line que são diferentes de você. As duas coisas não são iguais, e acho que podemos tornar a experiência de fã ainda melhor, mais divertida e inclusiva se aprendermos que os fã-clubes são compostos de pessoas incríveis, legais e multifacetadas, com pontos de vista variados.

Exigimos muito dos nossos ídolos pessoais hoje em dia: queremos que eles sejam brilhantes, bonitos e interessantes, que se apresentem com todo o coração e que nos entreguem sua alma. Queremos que nos digam como devemos nos sentir em relação às grandes coisas da vida e às coisas ruins do mundo. Ficamos furiosos quando eles não o fazem – ou talvez não conseguem fazê-lo – ou se o posicionamento deles não corresponde às expectativas que tínhamos, às previsões que fizemos com base na nossa compreensão detalhada deles. Ficamos desapontados, furiosos e perdemos um pouco da fé. E acho que, porque não podemos nos dirigir diretamente aos nossos ídolos, recorremos uns aos outros para lidar com o sentimento.

Mas veja só: a cultura de fã é uma coisa tão linda, é amar algo livremente e sem sentir vergonha, e talvez isso pertença mais a você, se encaixe mais dentro de você do que do lado de fora, ou dentro das Taylor Swifts do mundo, ou dentro dos membros do nosso fã-clube com os quais não concordamos totalmente.

E se, em vez de pedirmos às celebridades que nos digam o que elas pensam, refletíssemos mais sobre o que estamos pedindo a elas e o que isso nos diz a respeito de nós mesmos? Seu caminho, sua bússola moral está dentro de você. Embora possa aprender muito com as pessoas e celebridades que admira, não abra mão dessa belíssima e alegre característica que te faz ser *você*.

Nunca perca de vista as coisas alegres que te fazem FELIZ.

Aprendi muito enquanto escrevia este livro. Voltei para dentro de mim mesma para reacender minha própria admiração de fã, e foi extremamente revelador. Examinei minha vergonha e meus medos ao mesmo tempo. É um estado vulnerável o de amar as coisas e é também desafiador. A verdade é que não sei mais sobre o assunto do que quando tinha quinze anos, exceto que agora aceito o fato de que amo as coisas e as amo por completo. Encontro a maior alegria que posso sentir quando abraço minha fã interior, e sinto que estou literalmente ganhando energia física ao fazer isso.

Algumas pessoas não se sentem assim, e algumas pessoas não entendem, e tudo bem também. Não precisamos mais esconder. É mágico, não é?

O que mais amo em tudo isso, e o que me estimulou enquanto eu escrevia este livro, é como os jovens, pessoas como *você*, podem mudar nosso mundo para melhor. Você *já* está fazendo isso. Dar voz às coisas difíceis pelas quais passamos em nossos anos de formação, dar força às alegrias, à diversão e à loucura daquilo que nos entusiasma e nos satisfaz quando somos jovens é manter essa parte tão especial da vida no nosso coração por um pouquinho mais de tempo. Segure-a o máximo que puder. Porque uma hora ou outra, acredite em mim, a vida começa a entrar na frente. O mundo real pode ser uma droga às vezes, mas não é incrivelmente legal termos uma saída e comunidades que sempre existirão para nos ajudar a escapar por um tempinho?

Se eu tenho um dia ruim ou uma crise de ansiedade, não há nada mais reconfortante e consolador para mim do que ouvir Taylor Swift. Ela está ao meu lado de uma maneira que talvez eu nunca consiga dizer a ela. Mas sabe de uma coisa? Eu acho que ela sabe. Taylor continua por vários motivos. Ela é ambiciosa e é a mulher mais famosa do mundo no momento. É criativa, uma artista, e sua força imparável não vai se dissipar tão cedo. Mas também acho que é isso o que a move: ela vê quanto nos identificamos com ela e quanto precisamos dela.

Ela não está mais apenas contando sua própria história: está nos ajudando a contar a nossa também.

É incrível que essa forma de comunicação esteja começando a se apoderar de círculos mais amplos do mundo, que as pessoas estejam começando a se perguntar o que são relações parassociais e por que elas são importantes, que as teorias de fãs estejam sendo testadas e que os fãs estejam influenciando o trabalho de seus ídolos. Eu jamais imaginaria isso na época em que me escondia em meu quarto na adolescência, escrevendo fanfics de *Harry Potter*, fazendo amigos em fóruns e me apaixonando por alguém que nunca havia conhecido, tudo por causa da cultura de fã.

Então, para encerrar, é justo que eu tome emprestadas as palavras da mulher que me inspirou por mais de uma década e inspirou todo este livro:

Make the friendship bracelets.
Take the moment and taste it.[75]

Ao fazer o que você está fazendo agora, escolhendo amar algo e compartilhar esse amor com o mundo, você está, *sim*, fazendo dele um lugar melhor.

E por isso eu agradeço, do fundo do meu *perfectly good heart*[76]. Você não está sozinha, criança. Há muitos de nós que se sentem como você. E essa, essa aí, é a magia da cultura de fã.

[75] "Faça as pulseiras da amizade; agarre o momento e desfrute dele" ("You're On Your Own, Kid" – *Midnights*)

[76] Referência à música "A Perfectly Good Heart", do álbum *Taylor Swift (Debut)*, lançado em 2006; significa "coração em perfeitas condições".

AGRADECIMENTOS

LOOK WHAT YOU MADE ME DO

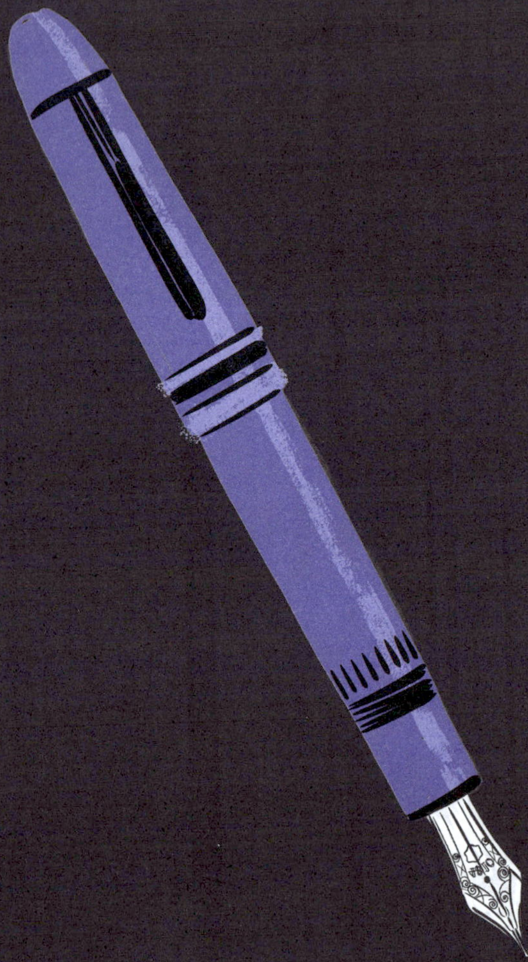

It's me, hi! Tendo trabalhado no setor editorial por alguns anos, sei muito bem que um livro não ganha vida pelas mãos de uma única pessoa, por isso tenho algumas a quem devo agradecer. Primeiramente, agradeço à equipe que se uniu para transformar *um espaço em branco*[77] em um livro:

Minha agente, Chloe Seager, que entendeu este livro de cara e cuja confiança em mim me ajudou a seguir em frente. Obrigada por ser *destemida*, por *segurar minha mão e me fazer mergulhar de cabeça* na louca jornada editorial. Eu com certeza *dançaria com você em uma tempestade usando meu melhor vestido.*[78]

Meu editor, Yas Morrissey, foi a primeira pessoa a dizer que eu era capaz de escrever; agradeço por isso, antes de mais nada. Seu entusiasmo e experiência me guiaram neste processo. Obrigada por garantir que minha voz fosse ouvida durante este projeto inteiro e por ser um colaborador brilhante.

Agradeço a todos da Simon & Schuster Children's Books. A S&S me deu meu primeiro emprego em uma editora, então é muito significativo que essa agora seja minha primeira editora. Rachel Denwood e Laura Hough, obrigada por entenderem a visão e por transbordarem entusiasmo, ambição, energia e planejamento estratégico. Não há nenhuma dupla de potências em quem eu confiaria mais para me publicar. Dani Wilson, você é uma joia. Tenho muita sorte de você fazer parte da equipe que está trazendo este livro ao mercado. Olivia Horrox e Ellen Abernethy, obrigada por sua experiência em marketing e publicidade. Eu não poderia ter pedido

[77] Referência à música "Blank Space".
[78] Referências à música "Fearless".

uma dupla mais talentosa para compartilhar este livro com nossos colegas Swifties. Sean Williams, obrigada por deixar este livro tão deslumbrante (não consigo falar nada na cara dele!)[79]. Obrigada a todos da equipe que ajudaram a fazer este livro acontecer. Sou muito grata pelo trabalho duro de vocês.

Agradeço aos criadores de conteúdo que falaram comigo quando eu estava fazendo as pesquisas: Shannon McNamara, Steven Sullivan, Ashley Hamilton, Claire Parker, Alexandra Wormley, Dave Fawbert, de Swiftogeddon, e DeuxMoi. Sou muito grata pelo tempo e pela contribuição de vocês.

Sem o entusiasmo e o incentivo de uma porção de pessoas, eu não teria considerado escrever este livro:

Georgia Henry, que disse que eu era capaz de fazer qualquer pessoa sentir vontade de ler qualquer coisa. É provável que tenha sido o vinho falando, mas significou mais do que você imagina. Bethany Rutter, por ser uma amiga tão inspiradora, por me mostrar que nenhuma ambição é grande demais e pelas muitas conversas sobre escrita (e sobre a vida) em inúmeros encontros divertidos. Sarah Ploughs, você foi a primeira a ouvir sobre a ideia – ainda um esboço dela – enquanto tomávamos gelato. Obrigada por me dizer que queria ler *aquele* livro. Jane Griffiths, obrigada por enxergar a promessa das sementes desde o início. Sabina, obrigada, simplesmente, por ser você.

Holly Bourne: minha gratidão pelo seu apoio constante está além das palavras (mas preciso escrever algo aqui...). Tenho uma dívida enorme com você por todo o entusiasmo, empolgação

[79] Referência à música "Gorgeous".

e tempo que dedicou a este livro, bem como à minha jornada como autora. Seus conselhos e amizade são incomparáveis. Muito, muito obrigada. Fiz uma amiga para a vida toda.

Agradeço aos queridos amigos que foram uma parte tão importante da minha jornada editorial: Nina, Paul, Bea, Lucy, Stephie, Katie, Lizz, Katherine, Rosi, Lauren, Harriet, Claire, Emma. Eu entrei nesse ramo pelos livros... mas fiquei pelos amigos que fiz ao longo do caminho. Aprecio cada um de vocês.

Há tantos autores, ilustradores e colegas que me deram conselhos, apoio, inspiração e amizade ao longo dos anos! Tenho sorte de conhecer todos vocês. Obrigada.

Tenho a sorte de ter algumas amigas que são praticamente uma família: Siobhan, o que eu faria sem você? Você é o tipo de amiga que as pessoas sonham em ter na vida. Nicola, obrigada por me lembrar que estou vivendo meu sonho e por ser uma amiga incrível há trinta anos. Carla, minha amiga mais velha, e graças a Deus!!! Sou grata a cada uma de vocês por estarem presentes antes, durante e depois das páginas deste livro.

Agradeço do fundo do meu coração à minha família de sangue: Andy, Emma e Toby, o apoio constante de vocês significa muito para mim. Papai e Blin, obrigada por me ensinarem que o trabalho duro sempre compensa. Keith, não seríamos uma família completa sem você (agora imagine que estou dizendo algo sarcástico para aliviar a tensão).

E, para mamãe: eu não amaria livros e histórias se não fosse por você. Eu não seria escritora se não fosse por você. Eu não teria nutrido um profundo amor pelas palavras sem o seu eterno entusiasmo por elas. Obrigada por tudo que você faz e por me provocar risadas como ninguém.

Acho que este livro simplesmente não existiria se não fosse pelos meus doces anjos Ruby e Taylor. São gatos, então não vão ler isto, mas foram eles que finalmente me deram paz.

Enquanto crescia, eu era extremamente tímida. Devo gratidão a todas as pessoas que encontrei em fã-clubes quando era adolescente e que me ajudaram a enxergar que eu podia fazer amigos de verdade. Obrigada a Callie, minha primeira parceira de redação. Você acreditou em mim antes de muitos outros.

Por fim: devo estender minha gratidão à mulher que inspirou este livro: Taylor Swift. Porque toda vez que minha vida mergulhou em escuridão, sua música foi uma luz. Porque toda vez que eu não tinha palavras para articular o que estava sentindo, suas letras de alguma maneira tinham. Porque ao longo dos anos, sempre que eu estava *feliz, livre, confusa e solitária ao mesmo tempo*[80], suas composições e sua energia foram uma fonte de diversão, esperança e alegria. Obrigada por me mostrar que é possível ser uma mulher ambiciosa, imperfeita e ainda assim *fazer o lugar todo brilhar*[81]. Escrevi um livro por sua causa... literalmente, *olha o que você me fez fazer*[82].

[80] Referência à música "22".
[81] Referência à música "Bejeweled".
[82] Referência à música "Look What You Made Me Do".